ALLEMAGNE

DOMINOS

Collection dirigée par Michel Serres
et Nayla Farouki

ALFRED GROSSER
HÉLÈNE MIARD-DELACROIX

ALLEMAGNE

Un exposé pour comprendre
Un essai pour réfléchir

DOMINOS
Flammarion

Alfred Grosser. Alfred Grosser est professeur émérite à l'Institut d'études politiques de Paris, où il a commencé à enseigner en 1956, après avoir été, comme germaniste, assistant à la Sorbonne. Parallèlement, il publie ses commentaires politiques dans *Le Monde* (depuis 1965), dans *La Croix* (depuis 1955) et dans *Ouest-France* (depuis 1972). Il joue dans le même temps un rôle certain et permanent dans la vie publique allemande, comme témoin « extérieur » tour à tour critique ou encourageant. En 1975, l'Union des éditeurs et libraires allemands lui a décerné son prix de la Paix « comme médiateur entre Français et Allemands, incroyants et croyants, Européens et hommes d'autres continents ».
Depuis *L'Allemagne de l'Occident* en 1953 jusqu'à *L'Allemagne en Occident* en 1987 et *Mein Deutschland* (écrit en allemand) en 1993, Alfred Grosser a consacré nombre d'ouvrages à ce pays, devenu partenaire de la France. Il a également écrit des livres marquants sur la politique française, les relations internationales et la morale politique, notamment *La IVe République et sa Politique extérieure*, Armand Colin, 1961, *Au nom de quoi ?*, Le Seuil, 1969, *L'Explication politique*, Complexe, 1973, *Les Occidentaux, les pays d'Europe et les États-Unis depuis la guerre*, Fayard, 1978, *Le Sel de la Terre*, Le Seuil, 1981, *Affaires extérieures, la politique extérieure de la France depuis 1944*, Flammarion, 1984, *Le Crime et la Mémoire*, Flammarion, 1991.

Hélène Miard-Delacroix. Normalienne et agrégée d'allemand, elle est maître de conférences à l'université de Paris IV-Sorbonne où elle enseigne l'histoire et la civilisation allemandes. Après une formation de germaniste, elle s'est orientée vers les sciences politiques et les relations internationales et a consacré sa thèse de doctorat à l'étude des relations franco-allemandes sous le chancelier Helmut Schmidt (1974-1982). Elle enseigne également à l'Institut d'études politiques de Paris où elle propose aux étudiants français de réfléchir, en allemand, aux rapports entre histoire et identité en Allemagne.
Elle a publié *Partenaires de choix ? Le chancelier Helmut Schmidt et la France (1974-1982)*, Peter Lang, 1993 et, en collaboration, *La République fédérale d'Allemagne dans les relations internationales*, H. Ménudier (dir.), Complexe, 1990.

ISBN : 2-08-035164-8
Imprimé en France

Sommaire

La première fois qu'apparaît un mot relevant d'un vocabulaire spécialisé, explicité dans le glossaire, il est suivi d'un *

Né d'une conception commune, ce livre a été élaboré de concert quant à son plan et à son orientation générale. Cependant, chacun des deux auteurs a rédigé seul la partie qui lui était attribuée, se contentant de tenir compte des critiques de l'autre. Si tous deux se veulent donc pleinement responsables de l'ensemble, ils précisent que la première partie et les annexes ont été écrites par Hélène Miard-Delacroix, la seconde partie par Alfred Grosser.

Avant-propos

Allemagne : le mot n'évoque pas seulement des réalités du passé ou du présent, culturelles ou militaires, industrielles ou religieuses. Il suscite chez le lecteur non allemand des images et des idées certes associées à ces réalités, mais aussi fondées sur des émotions et des réflexes. L'Allemagne hitlérienne, avec sa froide barbarie insurpassée, est sans cesse présente, consciemment ou inconsciemment, chaque fois que le mot Allemagne apparaît seul, qu'il s'agisse de connaître, de comprendre, de comparer. De plus, entre 1949 et 1990, deux Allemagnes séparées et terriblement différentes empêchaient le recours raisonnable à la désignation globale de « l'Allemagne ».

La République fédérale d'Allemagne de l'après-réunification connaît les mêmes problèmes que la République française, en particulier le chômage. Mais elle a aussi ses difficultés spécifiques, à commencer par l'unification, qui n'est plus seulement institutionnelle, mais aussi sociale, économique, culturelle. Il est clair que le passé national-socialiste demeure présent, que ce soit comme poids assumé ou comme résurgence. S'y ajoute le problème d'un autre passé à surmonter, celui de la soviétisation à l'Est. Le mot Allemagne incitera peut-être le lecteur à poser aux diverses réalités allemandes des questions à la fois sérieuses, soucieuses et sereines : croire à une altérité radicale de l'Allemagne, c'est renoncer à voir les interdépendances, les interconnexions, les interpénétrations nées d'un demi-siècle de relations franco-allemandes et de la création continue d'une Europe communautaire.

Liberté et patrie.
La fête de Hambach, le 27 mai 1832, est la première grande manifestation du mouvement démocratique en Allemagne. Les participants y réclament l'égalité de tous devant la loi, la liberté de presse et d'opinion, la souveraineté populaire et la création d'un État moderne et libéral. Cette lithographie à la plume, coloriée, représente le cortège se dirigeant vers le château de Hambach, le 27 mai 1832.
Ph. © Bildarchiv Preussischer Kulturbesitz.

Comprendre le passé de l'Allemagne d'aujourd'hui

Repères historiques

Les lycéens l'ont appris en classe : comme l'Italie, l'Allemagne a été très tardivement unifiée (1871). Comparés à leurs voisins français, c'est tard, voire en retard selon l'avis de certains, que les Allemands ont su créer un État-nation* de type moderne. Et chacun a, ancrée quelque part dans sa mémoire, l'idée que la création de cet État-nation aurait été indissolublement liée à un autoritarisme teinté de prussiannisme, qui lui-même aurait inévitablement conduit à la catastrophe de la dictature hitlérienne. Quitte à décevoir le lecteur avide de simplifications, cela est faux, du moins dans cette présentation sommaire et exclusive. L'erreur principale de ce type de jugement est de confondre la *réalisation* d'un État prétendant représenter la nation* et l'*émergence* de l'idée nationale, de l'identité nationale.

C'est bien avant 1871 qu'est apparue en Allemagne la conscience d'appartenir à un ensemble linguistique, culturel, historique et éventuellement ethnique. En outre, contrairement à ce que prétend l'équation « conscience nationale allemande = autoritarisme », l'émergence d'une identité nationale allemande est liée à des aspirations libérales, voire démocratiques. On pourrait même les qualifier de révolutionnaires dans la mesure où l'un de leurs objectifs était d'éliminer les structures archaïques et absolutistes héritées du Saint Empire romain germanique *.

Quelques phrases suffiront pour rappeler dans quel état se trouve, au début du XIXe siècle, ce fameux Saint Empire qui existe depuis près de neuf siècles, c'est-à-dire depuis sa fondation en 962 par Otton Ier (912-973). Composé de plus de trois cents principautés indépendantes, sa caractéristique première est le morcellement territorial dont découle un particularisme très marqué. Le seul patriotisme que l'on rencontre alors en Allemagne est local et se résume à l'allégeance au prince du lieu. Comme Marie-Thérèse en Autriche, Frédéric II a établi en Prusse, au XVIIIe siècle, un absolutisme éclairé, inspiré de la philosophie des Lumières et caractérisé par la formule « rien ne vient du peuple, mais tout est fait pour lui ». Dans le feu des guerres qui opposent ensuite la France révolutionnaire aux puissances d'Ancien Régime qui la cernent, la bataille de Valmy (1792) est donc un véritable choc pour les combattants allemands : non pas en raison de la violence de cette bataille, qui se résume à une brève canonnade, mais à cause de l'ardeur des combattants français mus par une cause commune, nationale. Ce qui fera dire au poète Goethe : « Ici et maintenant commence une ère nouvelle de l'histoire de l'humanité. »

Le mouvement national et libéral du XIXe siècle

Valmy, cette collision symbolique entre les vieilles armées du Saint Empire absolutiste et « la nation en marche » permet de comprendre comment apparaissent en Allemagne les premières aspirations nationales. Elles vont être d'une part une réaction à une influence extérieure, et d'autre part un moyen de contester l'ordre politique existant, rétrograde par rapport aux forces de progrès incarnées par la France.

L'affirmation de l'existence d'une *nation* allemande naît d'abord d'une réaction à l'occupation napoléonienne qui apporte à la fois bienfaits et humiliation. La création de la Confédération du Rhin en 1806 entraîne une simplification de la carte de l'Allemagne et la disparition du moribond Saint Empire. En même temps que l'occupation française introduit, tant dans les territoires conquis que dans les États libéraux du sud-ouest de l'Allemagne, les acquis de la Révolution, avec, notamment, le Code civil, l'humiliation ressentie par les Allemands (qui ne se définissent encore à l'époque que comme Saxons, Prussiens, Franconiens, etc.) provoque un sursaut qui va être à l'origine de la modernisation de la vie politique et sociale. Ainsi les réformes lancées en Prusse par vom Stein (1757-1831), Humboldt (1767-1835) et Hardenberg (1750-1822) s'inspirent-elles des idées libérales pour tenter de mettre en pratique les objectifs formulés par le philosophe Fichte (1762-1814). Leur principe est simple :

si les Français ont été victorieux, c'est en raison de leur conscience et de leur fierté d'appartenir à une nation.

Cette réaction dans le domaine administratif s'accompagne alors d'une dynamisation des forces visant à bouter le « tyran » hors d'Allemagne. Au cours des « guerres de libération » (*Befreiungskriege*, 1813-1815), on assiste à l'émergence d'un romantisme national qui utilise la haine du Français pour rassembler le peuple dans les corps francs*. Le poète Arndt (1769-1860), dans des chants rappelant les « féroces soldats » de *La Marseillaise*, formule ce sentiment de la communauté par la différence : « Là où tout Français doit être un ennemi, là où tout Allemand doit être un ami. » Et, comme le concept d'« Allemand » est étranger à l'expérience des combattants, on se reconstitue une identité commune fondée sur la langue et la culture, sur la notion de l'existence d'un « peuple » défini de manière irrationnelle et quasi religieuse, avec son « âme », son « esprit » et ses « chants ».

Mais ce mouvement national, avec ses excès de langage, est aussi libéral. En témoignent certaines revendications des étudiants de la Deutsche Burschenschaft* (corporation d'étudiants) lorsque à la fête de la Wartburg, en 1817, ils commémorent la victoire sur Napoléon à Leipzig (1813) et réclament la création d'un État national : « Ce n'est pas la volonté du prince qui doit être la loi du peuple, mais la loi du peuple qui doit devenir la volonté du prince. » [...] « Il faut que les lois soient élaborées et acceptées par ceux qui doivent vivre en les respectant. » [...] « Les privilèges et la justice sont incompatibles. »

Ces aspirations s'élèvent contre l'ordre politique d'Ancien Régime rétabli dans les États allemands à l'issue du congrès de Vienne* qui a réorganisé l'Europe en 1815. Et c'est parce que ces aspirations sont à la fois nationales et libérales qu'elles constituent une menace aux yeux du chancelier autrichien Metternich (1773-1859), qui veille à la conservation du particularisme, de la souveraineté des princes et de l'absolutisme dans l'Allemagne morcelée. Ainsi les promoteurs de l'idée nationale et de la liberté vont-ils être les victimes du système constitutif de la Confédération germanique, c'est-à-dire la répression de toute force « menaçant la sécurité extérieure et *intérieure* ».

Lorsqu'en 1832 ces forces se rassemblent à la fête du château de Hambach, la liaison entre les aspirations nationales et libérales est encore plus nette. Comptant cette fois des artisans et des paysans, les participants réclament les libertés fondamentales et les droits du citoyen et les formulent dans le mot d'ordre « liberté et patrie ». Ils se rassemblent derrière les couleurs des uniformes que portaient les corps francs lors des guerres de libération, symboles de liberté et d'unité : le drapeau noir, rouge et or.

Ces couleurs sont celles qui vont flotter sur l'église Saint-Paul de Francfort (*Paulskirche**) pendant les deux années (1848-1849) où les libéraux vont tenter de résoudre, dans le pluralisme, la question nationale des Allemands. A la suite d'une révolution « bourgeoise» comparable à celle qui a lieu en France à la même époque, un Parlement issu du suffrage universel siège dans l'église Saint-Paul et tente de surmonter une tâche difficile : unifier l'Allemagne tout en lui donnant une Constitution libérale. Cette Constitution de 1849 accorde une place primordiale aux droits de l'individu et aux libertés fondamentales : inviolabilité de la liberté de la personne, abolition des privilèges et des titres, égalité devant la loi, critère du talent pour l'accès à la fonction publique, etc.

L'État que tentent de créer ces représentants du peuple n'est pas une république mais une monarchie parlementaire. Sans rompre tout à fait avec la tradition du Saint Empire, l'empereur doit être élu, cependant il doit l'être cette fois non par les princes, mais par les députés incarnant la démocratie. La Constitution de 1849 apporte une autre grande nouveauté qui s'inscrit en même temps dans la tradition : c'est le principe du fédéralisme*. L'État unifié se compose lui-même d'États jouissant d'une relative autonomie et déléguant à la fédération un certain nombre de pouvoirs, comme la représentation de l'Allemagne à l'étranger, le droit de décider de la guerre et de la paix, la législation en matière de monnaie, de poids et mesures, de douane, de transports. L'œuvre des députés de 1848 réalise donc bien les aspirations du mouvement national et libéral du début du XIXe siècle.

Cette tentative d'unifier, de moderniser et de libéraliser l'Allemagne va pourtant échouer. Mais ce n'est pas le peuple qui est à l'origine de cet échec. L'entreprise de la Paulskirche se brisera d'une part sur la résistance des princes, hostiles à cette transformation de l'Allemagne et à l'abolition de leurs privilèges, d'autre part sur l'insurmontable problème de la rivalité des deux grandes puissances allemandes, la Prusse et l'Autriche. La résistance des princes est incarnée par le roi de Prusse, Frédéric-Guillaume IV (1795-1861) : il refuse la couronne d'empire que lui proposent les députés de Francfort en prétendant qu'un empereur doit la recevoir des princes et non du peuple... Le problème du dualisme austro-prussien, quant à lui, constitue sans doute l'obstacle le plus difficile à surmonter. En effet, les travaux des députés de Francfort s'enlisent dans la question de savoir si l'État unifié issu de la révolution de 1848 doit englober les territoires autrichiens de langue allemande (la solution dite *groß-deutsch*, grande allemande), ou bien s'il doit exclure ces Autrichiens et se réduire à un ensemble d'États réunis autour de la Prusse (la solution dite *klein-deutsch*, petite allemande).

En clair, cela signifie soit l'éclatement de l'Empire austro-hongrois*, soit l'accroissement de la puissance de la Prusse, deux perspectives aussi inacceptables l'une que l'autre pour les Habsbourg*.

La Constitution de 1849 n'entrera jamais en vigueur. Elle mérite cependant l'attention particulière que nous lui avons accordée parce qu'elle pose un certain nombre de principes et parce qu'elle servira de modèle pour les Constitutions ultérieures de l'Allemagne unie.

La réalisation de l'État national en 1871

Après l'échec de la Paulskirche, c'est seulement en 1871 que les Allemands parviennent enfin à réaliser leur unification. L'évolution des pays allemands depuis 1849 est marquée par deux grands traits. Le premier est la solution progressive du problème du dualisme austro-prussien. Tout en jetant les bases du développement du commerce et de l'économie modernes, la Prusse accroît son influence dans les autres États allemands en créant autour d'elle l'union douanière (*Zollverein*). Et c'est finalement dans le sang que la Prusse impose sa puissance en Allemagne, par la victoire sur l'Autriche à Sadowa, en 1866. Le second grand trait est la vivacité du libéralisme, particulièrement dans les États allemands du Sud-Ouest (Wurtemberg et pays de Bade), mais également en Prusse où le roi se heurte à la résistance des députés libéraux du parlement de Prusse.

En 1862, Otto von Bismarck (1815-1898) est appelé à Berlin précisément pour résoudre un conflit qui oppose le roi de Prusse aux libéraux. Tandis que le roi revendique des prérogatives en matière de budget, et en particulier de budget militaire, les députés libéraux les lui refusent en considérant que le budget doit au contraire être voté par les représentants du peuple. Bismarck va résoudre ce conflit constitutionnel en faisant dissoudre l'Assemblée de Prusse, mais surtout en gagnant le consentement des libéraux à la politique militaire de la Prusse. Le grand discours qu'il prononce alors est célèbre pour la formule « par le fer et par le sang ». Mais c'est le reste de la phrase qui est important : Bismarck souligne l'absence de « grandeur » (c'est-à-dire de puissance) des États libéraux du Sud-Ouest et « démontre » que le parlementarisme est incapable de résoudre *la* grande question du siècle (c'est-à-dire l'unification de l'Allemagne). « Ce n'est pas par des discours et des décisions à la majorité que se décident les grandes questions de notre temps, mais par le fer et par le sang. »

On voit bien comment Bismarck gagne les libéraux en leur promettant l'unification nationale tout en leur faisant abandonner leurs revendications libérales. Autrement dit, Bismarck casse le *et* qui reliait étroitement jusqu'alors l'aspiration nationale *et* libérale. On assiste à une récupération de l'idée nationale par les conservateurs, l'aspiration à l'unification étant dès lors coupée des idéaux libéraux. Et c'est bien par le fer et par le sang que Bismarck crée l'Allemagne unie : par la victoire contre les Habsbourg en 1866, et surtout par la victoire sur les Français en 1871, à l'issue de cette guerre volontairement provoquée pour rassembler les Allemands autour d'une cause commune. Ce n'est pas un hasard si le Reich allemand *(Deutsches Reich)* est créé sur le territoire de l'ennemi vaincu ensemble, à Versailles, le 18 janvier 1871. Et si l'on compare le célèbre tableau représentant le couronnement de l'empereur, le roi de Prusse Guillaume, dans la galerie des Glaces du château de Versailles, avec celui figurant les députés de la Paulskirche (voir photos pp. 20 et 21), il apparaît clairement que l'unification de l'Allemagne se réalise par le haut (princes et militaires) et non par le bas (représentants du peuple).

Afin de gagner définitivement les libéraux en majorité protestants, Bismarck leur « offre » par la suite le *Kulturkampf*. Cet ensemble de lois organise la persécution des catholiques allemands qui sont accusés d'ultramontanisme (c'est-à-dire affirmant l'autorité absolue du pape) et considérés en conséquence comme ennemis du Reich. Mais ces lois ont aussi pour objectif de créer en force une nouvelle identité qui donne au Reich une assise nationale. En effet, la persécution des catholiques permet en même temps d'étouffer les minorités, dont la plus importante est la minorité polonaise de Prusse.

S'il est vrai que l'unification de l'Allemagne en 1871 s'est réalisée par le haut, par le fer et par le sang, autour de la puissante Prusse (qui représente les deux tiers du territoire du Reich) et autour de ses valeurs traditionnelles volontiers résumées dans la formule « la loi et l'ordre », le Reich n'en est pas moins un État parlementaire. Et, contrairement à l'image que l'on s'en fait en général, c'est un État fédéral qui accorde aux régions une relative autonomie. Ainsi les Allemands rassemblés dans un État-nation à la naissance difficile peuvent-ils continuer à se considérer comme Franconiens, Mecklembourgeois, Prussiens, Saxons, etc. Le fédéralisme demeure l'expression de la diversité et de la liberté. En outre, le bilan des années de gouvernement du chancelier Bismarck montre qu'à la fin du XIXe siècle l'Allemagne est, par certains traits, en

L'unification de l'Allemagne par le bas…
Une séance de l'Assemblée nationale à la Paulskirche en 1848. Les élus du peuple tentent de résoudre la question allemande en créant un État libéral.
Ph. © Jean-Louis Charmet.

avance sur son temps. La réglementation du travail des femmes et des enfants et la création d'un système moderne d'assurance contre la maladie, l'invalidité et la vieillesse (de 1883 à 1889) constituent les fondements de l'État social d'aujourd'hui.

Cette réponse aux problèmes posés par l'industrialisation très rapide de l'Allemagne n'est cependant pas exempte d'arrière-pensées. Elle est conçue comme un instrument visant à ancrer plus profondément l'atta-

... ou par le haut.
Ce célèbre tableau illustre la création du Reich le 18 janvier 1871. Le roi Guillaume de Prusse est proclamé Empereur (Guillaume Ier) dans la galerie des Glaces du château de Versailles. A gauche, l'Empereur, au centre, Bismarck.
Friedrichsruh, Bismarck-Museum. Ph. © Bildarchiv Preussischer Kulturbesitz.

chement de la population à l'État, mais aussi et surtout comme un moyen de lutter contre l'influence grandissante de la social-démocratie. Cette législation sociale est ainsi l'autre face de la politique d'exception menée contre le parti social-démocrate* (*Sozialdemokratische Partei Deutschlands*, SPD) – interdiction pure et simple de toutes ses activités en 1878. Mais la politique de Bismarck va, *a posteriori*, subir la sanction populaire. En effet, après le départ du chancelier en 1890, les deux forces politiques qui se trouvent renforcées sont le catholicisme politique et la social-démocratie, c'est-à-dire les deux victimes de la politique bismarckienne. Aussi n'est-il pas étonnant de les voir ensemble au cœur des coalitions démocratiques des années 20, alors qu'en France le conflit sur la laïcité opposera socialistes et catholiques.

Cette époque avide de grands mythes rassembleurs en a créé un qui aura la vie longue et permettra d'expliquer successivement différents aspects d'une prétendue « anormalité » allemande : c'est la théorie du *Sonderweg*. D'abord conçue comme positive, cette théorie est développée avant la Grande Guerre par des historiens allemands considérant que le chemin emprunté par l'Allemagne pour entrer dans la modernité est plus raisonnable que la voie plus cahotante choisie par ses voisins européens. Puis, dans les années 40, cette théorie devient négative : elle devient un instrument de lecture du Reich de 1871 visant à expliquer l'avènement ultérieur du national-socialisme. Développée après 1933 par l'historien Helmuth Plessner qui forgea la formule « la nation en retard » *(die verspätete Nation)*, et reprise notamment par Ralf Dahrendorf dans les années 60, cette théorie affirme que, à la différence des nations européennes « normales » (France et Grande-Bretagne), l'Allemagne n'a pas connu le développement simultané de la modernisation et de la démocratisation, et que ses forces vives, c'est-à-dire la bourgeoisie, se sont au contraire attachées à des valeurs conservatrices et autoritaires.

Encore aujourd'hui, les tenants de cette lecture *a posteriori* de l'histoire s'opposent à leurs contradicteurs, qui démontrent à l'inverse que la bourgeoisie allemande a, au tournant du siècle, parfaitement su imposer ses intérêts et réussi à « embourgeoiser » la noblesse et ses fiefs traditionnels – l'armée et la grande propriété terrienne. Ce débat pose de vraies questions sans parvenir à y répondre vraiment. Mais si, comme certains le prétendent, il était pédagogiquement nécessaire d'affirmer l'« anormalité » de l'histoire allemande, il n'en est pas moins indispensable de reconnaître les signes d'une évolution qui auraient tout à fait pu conduire à autre chose que le national-socialisme.

Weimar, la démocratie sacrifiée

La fin de la Première Guerre mondiale est une catastrophe pour ces Allemands qui, comme le héros du roman *Der Untertan (Le Sujet de l'empereur)* de Heinrich Mann (1871-1950), consacrèrent leur vie à la vénération du Kaiser. Car en 1919, non seulement l'empereur est en exil, mais l'Allemagne subit l'humiliation du traité de Versailles*, perd des territoires et est contrainte de payer de très lourdes réparations aux vainqueurs. Dans un pays menacé par la guerre civile, les sociaux-démocrates, qui ont proclamé la République deux jours avant la signature de l'armistice du 11 novembre 1918, rétablissent l'ordre et élaborent une Constitution qui reprend l'héritage de la Paulskirche de 1848.

Cette Constitution de Weimar est l'œuvre de la coalition des trois forces politiques qui, aux élections de l'Assemblée constituante du 19 janvier 1919, remportent plus de 75 % des suffrages : le SPD, le Centre (*Zentrum*, catholique) et le parti démocratique allemand (*Deutsche Demokratische Partei*, DDP, libéral). Élaborée par les représentants de la volonté populaire qui s'est incontestablement exprimée en faveur de la démocratie, la Constitution trouve son esprit résumé dans l'article 1er : « Le Reich allemand est une République. Tous les pouvoirs sont issus du peuple. » C'est un État fédéral et parlementaire, ce qui signifie que le pouvoir législatif est confié aux représentants du peuple élus au suffrage universel tant au niveau régional (*Landtage*, parlements de Land) qu'au niveau de la fédération (*Reichstag**, parlement d'Empire). Le drapeau de la République est celui de la Paulskirche, les couleurs – noir, rouge et or – symbolisant l'unité dans la démocratie, même si, dès 1926, les forces hostiles à la République obtiennent du président Hindenburg que les anciennes couleurs du Reich (noir, blanc et rouge), sur le drapeau de la flotte des navires de commerce, représentent également l'Allemagne dans les ports étrangers. Un autre symbole de la République, c'est la troisième strophe du *Chant de l'Allemagne (Deutschlandlied)* que le premier président de la République, le socialiste Friedrich Ebert (1871-1925), considère comme l'hymne national, avec sa phrase clé : « Concorde, droit et liberté pour la patrie allemande. » Cette même strophe est aujourd'hui l'hymne national de l'Allemagne.

La personnalité de Friedrich Ebert, homme droit et républicain, marque les premières années de la première république allemande, et il ne fait pas de doute que les pouvoirs du président de la République ont été définis en fonction de cette personnalité. En effet, figure d'intégration par son mode d'élection (le suffrage universel direct), le président de la République de Weimar a la possibilité d'exercer un pouvoir dit « dictatorial » si l'ordre républicain est menacé. Ce fut le cas au début de 1919, et ça l'est de nouveau en 1923 lorsque, dans le contexte de crise économique et d'inflation galopante, le Reich-République menace de se désagréger.

Ebert a alors recours à l'article 48 de la Constitution (voir annexes p. 111) qui confère au Président le droit de légiférer sans le Reichstag pour rétablir l'ordre dans les Länder*, où, comme en Bavière et en Thuringe, des coups d'État sont organisés par des groupes extrémistes de droite et de gauche. Par ordonnance, il prend des mesures exceptionnelles pour assainir la monnaie. Et déjà, au printemps 1920, il apparaît clairement non seulement que les pouvoirs publics entendent défendre l'ordre républicain, mais aussi qu'une majorité de la population est déterminée à les soutenir : la tentative de putsch militaire organisée par Wolfgang Kapp (1858-1922) échoue grâce à une grève des fonctionnaires.

C'est pourquoi la formule selon laquelle Weimar aurait été une « république sans républicains » doit être contestée dans cette formule absolue. De nombreux intellectuels se sont ralliés à la république, même si ce ne fut, pour beaucoup, que du bout des lèvres. Et si beaucoup ont été, selon l'historien Friedrich Meinecke, des « républicains par raison et des monarchistes de cœur », la conversion à la république des plus grands d'entre eux, tel l'écrivain Thomas Mann, témoigne de l'ancrage de l'idée démocratique dans l'Allemagne de Weimar. Il n'en est pas moins vrai qu'une partie de la population demeure hostile au nouvel État, et que de lourdes hypothèques menacent la jeune république.

La première est sans conteste la légende du « coup de poignard dans le dos » formulée par le héros de la grande bataille de Tannenberg, le maréchal von Hindenburg (1847-1934). Alors que c'est lui-même qui, avec Ludendorff (1865-1937), a appelé en 1918 à un cessez-le-feu immédiat et à la formation d'un gouvernement parlementaire, il ment à la population et prétend que la glorieuse armée allemande a été trahie et poignardée, tel le héros Siegfried, par le perfide Hagen que représenterait la social-démocratie ! Funeste image pour une population abreuvée du mythe de la puissance militaire et qui perçoit dès lors les sévères conditions du traité de Versailles comme une injustice ou comme un *Diktat* des vainqueurs, qui font porter aux Allemands l'entière responsabilité de cette guerre. Désorientés, les démobilisés rejoignent les corps francs et les groupes patriotiques paramilitaires tolérés par le gouvernement. Peu à peu se forment des associations qui, à gauche comme à droite, entendent mettre la défense et le respect de la « patrie » au centre des préoccupations des citoyens.

La division de la gauche allemande constitue la deuxième hypothèque de Weimar. Entre les sociaux-démocrates, fondateurs et piliers de la République, et les communistes, les relations ressemblent à une guerre de tranchées. Ainsi les communistes traitent-ils les socialistes de « sociaux-traîtres » collaborant avec les partis bourgeois. Mais, avec son attitude « jusqu'au-boutiste », le parti communiste allemand porte une grande part de responsabilité dans l'élection du très conservateur maréchal Hindenburg à la présidence en avril 1925. En effet, par le refus de soutenir le centriste Wilhelm Marx appuyé par les sociaux-démocrates, et par le maintien de la candidature du communiste Ernst Thälmann au second tour, le parti facilite l'élection du vieillard qui reste fidèle aux valeurs du vieux Reich et qui, le 30 janvier 1933, nommera Adolf Hitler à la chancellerie *.

« Les deux mains pour la patrie, rien pour les partis », telle est la devise frappée sur la médaille commémorant l'élection du maréchal en 1925. Cette aversion pour le système des partis est propagée par certains cercles irréductibles parmi lesquels on compte les grands propriétaires terriens et une partie de l'armée. Dans la crise économique de 1929, cette nouvelle rupture entre les deux concepts « nation » et « démocratie » va trouver un écho dans une partie de la population, les classes moyennes épargnantes, épouvantées par le spectre de la prolétarisation. La troisième hypothèque qui plane sur la démocratie est l'incapacité des partis à canaliser et apaiser les angoisses d'une partie de la population alors prête à suivre le chant des sirènes qui promettent un monde d'ordre et de sacrifice à une cause supérieure.

Cette évolution est facilitée par certains travers institutionnels. Le mode de scrutin pour l'élection du président de la République autorise, nous l'avons vu, plus de deux candidats à se présenter au second tour. Pour l'élection des députés du Reichstag, le scrutin strictement proportionnel a pour effet de multiplier le nombre des partis représentés, incapables ensuite de former des coalitions stables. Enfin, le recours à l'article 48 et à la dissolution du Reichstag, systématique à partir du début des années 30, ôte aux députés la possibilité même de rechercher le compromis, fondement de la démocratie.

Pour finir, les difficultés économiques, aggravées par le paiement des réparations mais aussi et surtout par le gouffre des dettes contractées pendant la guerre, contribuent à la formation d'une identité de victime et au développement d'une idéologie communautaire englobante. On assiste à un repli sur une notion de peuple *(Volk)* peu à peu dénuée de son sens démocratique ; le peuple devient une communauté où l'individu se perd, où il n'est plus apostrophé que comme *Volksgenosse* (terme difficile à traduire exprimant à la fois la partie d'un tout et le « camarade » dans le peuple), bref où il disparaît dans une aspiration égalitariste qui sera exploitée et pervertie par la prétendue « révolution » nationale-socialiste.

Malgré ces lourdes hypothèques, la république de Weimar a jeté les bases de la démocratie future. Dans le domaine social notamment, des principes résolument modernes et démocratiques sont ancrés dans la Constitution : ainsi le principe de la concertation dans les entreprises (art. 165) et celui du droit au travail (art. 163). Pour cette raison, nous pouvons affirmer que Weimar, avec tous ses défauts, constitue une étape fondamentale dans le développement de la démocratie en Allemagne. La république de Weimar demeure également une période d'une incroyable floraison intellectuelle, artistique et culturelle ; il suffit de penser à la philosophie (avec Husserl, Jaspers ou Heidegger), à l'essor de la psychanalyse, au théâtre et au cabaret berlinois, à l'expressionnisme dans la peinture et le cinéma, au dadaïsme et aux débuts de la peinture moderne, ou encore au Bauhaus de Walter Gropius. Il n'empêche que cette effervescence des avant-gardes se heurte aussi à l'incompréhension d'une grande partie de la population, qui sera d'autant plus encline à tolérer que l'art moderne soit qualifié de « dénaturé » et que des livres soient brûlés. Car l'autre face de Weimar est bien la permanence de tendances antidémocratiques, obscurantistes dans leur opposition aux valeurs des Lumières de l'Occident. La démocratie de Weimar avait des chances de s'imposer, mais elle a été sacrifiée par la torpeur de ses défenseurs et par l'aveuglement de quelques intrigants emportés dans une « logique » de destruction, que surent orchestrer les ennemis déclarés de la démocratie.

Tout un peuple derrière le Führer ?

Il faut d'abord relativiser le jugement selon lequel le peuple allemand tout entier aurait porté Hitler au pouvoir. En 1932, à la suite de la dissolution répétée du Reichstag par le président Hindenburg, ont lieu successivement deux élections législatives. En juillet, le parti national-socialiste* remporte 37,2 % des suffrages, mais en novembre de la même année il enregistre de lourdes pertes et, tout en restant le parti le plus important d'Allemagne, il n'obtient plus « que » 33 % des voix. Depuis, les analyses électorales ont montré d'une part que Hitler a, entre autres, profité du suffrage d'abstentionnistes habituels, d'autre part que les partis bourgeois désertés étaient en passe de regagner la confiance d'une partie de leurs électeurs. Même si les reconstructions *a posteriori* sont toujours sujettes à caution, il semble que, lorsque Hindenburg confie le poste de chancelier à Hitler le 30 janvier 1933, le parti national-socialiste ouvrier allemand (*Nationalsozialistische Deutsche Arbeiterpartei*, NSDAP) se trouve sur une pente descendante. En outre, lors des dernières élections, le 5 mars 1933, alors que les nationaux-socialistes tiennent déjà le pays en main par tous les moyens modernes de propagande, par la terreur et par la persécution des communistes et, en partie, des sociaux-démocrates, le parti de Hitler n'obtient que 43,9 % des suffrages. Si le Führer est parvenu au pouvoir par des moyens apparemment légaux, il n'y a cependant pas été porté par un peuple tout entier qui aurait suivi, selon le mot du socialiste Kurt Schumacher, « l'appel au salaud dans l'homme ».

L'aveuglement des partis conservateurs et des forces hostiles au parlementarisme est largement responsable de l'avènement de la dictature hitlérienne. Les nationaux-allemands du parti populiste national-allemand (*Deutschnationale Volkspartei*, DNVP), avec leur magnat de la presse, Alfred Hugenberg (1865-1951), et les intrigants dans l'entourage de Hindenburg se sont nourris de l'illusion selon laquelle ils sauraient dompter Hitler et l'écraser dans un coin « jusqu'à ce qu'il en couine » (Franz von Papen). Et le 23 mars 1933 demeure la date honteuse des partis qui, jusqu'au démocratique et catholique parti du Centre, ont voté la loi des pleins pouvoirs. Le parti communiste est déjà interdit et seul le parti social-démocrate a le courage de voter contre cette loi qui prétend mettre un terme à « la misère du peuple et du Reich ». Ce dernier coup porté au parlementarisme l'est aussi et surtout à l'État de droit, car les cinq articles de la loi des pleins pouvoirs (voir annexes p. 112) donnent toute puissance au gouvernement, légiférant dès lors par-dessus le Parlement qui n'est plus, selon les termes de Hitler, qu'« informé » des mesures gouvernementales. En posant l'anticonstitutionnalité potentielle des lois à venir, la loi des pleins pouvoirs élimine *de facto* la Constitution de Weimar. Les pleins pouvoirs signifient la fin du fédéralisme, la fin de la démocratie. Les étapes suivantes n'en sont que la suite logique : dissolution et interdiction des partis et des syndicats pendant l'été 1933, élimination des Länder en janvier 1934, monopolisation des pouvoirs par Hitler à la mort de Hindenburg en août 1934.

Le « IIIe Reich », c'est la perversion de l'identité nationale par l'idéologie nazie. La mise au pas va non seulement écarter les opposants, elle va aussi proposer une réponse à la quête d'absolu sensible dans une partie de la population. Cette nouvelle identité, martelée par la propagande et largement intériorisée dans l'ivresse de la perte de soi, est fondée sur l'effacement de l'individu : « Tu n'es rien, ton peuple est tout. » On assiste à une pseudo-théorisation et à un rétrécissement de la notion de « peuple », fondée dès lors sur la différenciation biologique et le darwinisme social. Dans cette vision déterministe de la supériorité d'une prétendue « race » disparaît toute valeur morale. Et dans la prétendue mission du peuple allemand, en lutte contre la prétendue menace de dégénérescence, l'effacement de l'individu engendre le mépris absolu de la personne humaine. C'est cette dimension qui rend indicible l'horreur de l'extermination des Juifs.

Enfin, l'idéologie nationale-socialiste a non seulement perverti la notion de communauté nationale, mais aussi corrompu toutes les valeurs. Par exemple, les concepts de droit et de justice ont, sous le « IIIe Reich », pris un sens diamétralement opposé aux valeurs humanistes de la civilisation. Il y a ainsi dans l'idéologie nazie une aspiration totalitaire, l'ambition d'englober et de mettre au pas toutes les sphères de l'activité et de la pensée humaines. Cela ne signifie pas pour autant que le régime de Hitler aurait réussi à réaliser cette aspiration totalitaire, et cela pour deux raisons. La première est la réalité de la résistance allemande, très longtemps ignorée ou minimisée. Elle s'est développée dans des milieux différents, depuis les communistes jusqu'aux officiers du complot du 20 juillet 1944*, en passant par les exemplaires Hans et Sophie Scholl*, tous également persécutés ou assassinés. La seconde raison pour laquelle le terme de totalitarisme est contestable est de l'ordre de la responsabilité. En effet, admettre qu'un régime ait réellement été totalitaire revient à disculper les individus, à adopter la logique de l'idéologie elle-même et à ne plus trouver comme responsable que le Führer. Cette distinction entre aspiration totalitaire et totalitarisme est fondamentale dans la perspective de l'« après » et dans l'optique de l'intégration de la culpabilité dans l'identité future.

1945 ou l'identité en ruines

Après une guerre voulue, préparée et poursuivie jusqu'à l'épuisement, l'effondrement du Reich en 1945 et l'occupation de l'Allemagne par les Alliés constituent pour les Allemands à la fois une catastrophe et une libération. C'est aussi la période où se mettent en place les fondements de la démocratie et de l'identité d'aujourd'hui, avec les difficultés posées par l'emploi de l'adjectif « national ».

Le 8 mai 1945 n'est pas seulement une défaite militaire ; ce n'est pas un armistice mais une capitulation sans condition. Du point de vue des vainqueurs, il s'agit là d'une exigence afin que les Allemands reconnaissent la réalité de la défaite et afin que ne puisse se développer une nouvelle légende d'un coup de poignard fiché par les politiques dans le dos de l'armée. Du point de vue des Allemands, cela signifie non seulement l'acceptation de la défaite, mais également la nécessité de reconnaître la folie du régime et des meurtres nazis. Lorsque les Alliés avaient fait connaître cette exigence en janvier 1943, Goebbels avait, en réponse, précipité les Allemands dans la « guerre totale ». En mai 1945, la signature de la capitulation sans condition signifie – chaque mot pesant de tout son poids – la défaite totale et peut devenir l'un des piliers de l'identité future. En effet, ainsi que l'ont admirablement formulé en 1975 le président de la République Walter Scheel et, de nouveau, en 1985, le président Richard von Weizsächer, l'effondrement du « IIIe Reich » fut, pour les Allemands aussi, une libération : ils ont été libérés d'un régime de terreur, d'une idéologie criminelle et de malheurs qu'ils ont, eux aussi, subis. Enfin, ce qu'on appelle en Allemagne « l'heure zéro », c'est, dans les ruines, la pénurie et le deuil, l'espoir de construire une Allemagne nouvelle qui tire les leçons de son passé.

Ces années 1945-1946 sont des années de drames. Ce sont le drame des représailles dans les territoires orientaux de l'Allemagne et le drame des expulsions, les Allemands étant chassés de la région des Sudètes ainsi que des territoires encore non officiellement per-

L'Allemagne « à l'heure zéro ».
Les ruines de Fribourg-en-Brisgau, en juin 1947, deux ans après la guerre. Il ne s'agit pas là d'une exception. A la fin de la guerre, la plupart des villes allemandes étaient détruites et entre 60 et 90 % des maisons étaient inhabitables.
Ph. © Louis Henri/Rapho.

dus, mais placés sous administration polonaise ou soviétique (Silésie, Poméranie, Prusse orientale). Des millions d'Allemands subissent ainsi une partie de ce que des Allemands ont fait subir à d'autres. La punition concerne aussi ceux qui se sont rendus coupables,

L'Allemagne en 1945.
L'Allemagne, est découpée en quatre zones d'occupation (il en est de même pour Berlin qui est divisé en quatre secteurs). Les territoires orientaux sont « placés sous administration polonaise ou soviétique ».

à des degrés variables, de fautes ou de crimes sous le régime hitlérien : la dénazification (cette immense entreprise qui n'atteindra certes pas tous ses objectifs) aboutira, entre autres, au châtiment d'un certain nombre de criminels de guerre à l'issue du procès de Nuremberg fin 1946.

Enfin, l'immédiat après-guerre est marqué par l'occupation de l'Allemagne. Cette occupation, en principe commune, est organisée en quatre zones (américaine, britannique, française et soviétique), et

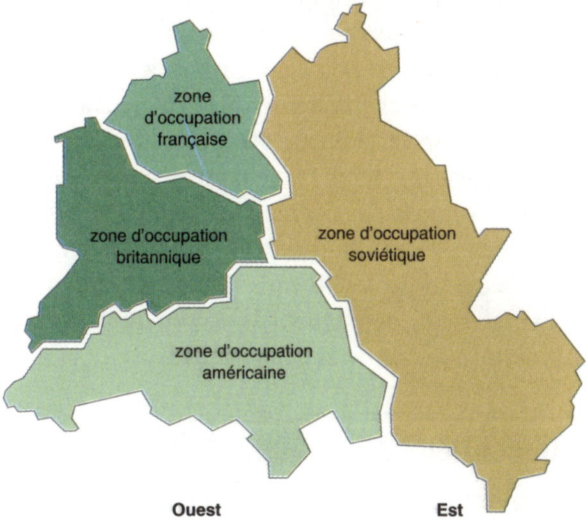

Les quatre secteurs d'occupation de Berlin.

Le statut quadripartite de Berlin ne prit fin qu'avec l'unification de l'Allemagne, le 3 octobre 1990.

l'administration de la ville de Berlin, elle aussi en principe commune, est répartie entre les Alliés en quatre secteurs. La guerre froide, c'est-à-dire l'affrontement idéologique entre l'Est et l'Ouest, va transformer ce découpage provisoire en une division Est-Ouest, comportant apparemment toutes les caractéristiques d'une scission définitive.

L'Allemagne va devenir à la fois l'objet et le lieu d'affrontement des grandes puissances ; sa division, ainsi que celle de Berlin, incarne et reflète la division de l'Europe et l'opposition de deux mondes antagonistes. Cette division va durer quarante années et va ancrer, dans chacune des deux parties de l'Allemagne, une conception très différente de la démocratie et de l'identité nationale. Afin de rendre bien visible cette forme de division, nous présenterons successivement les caractéristiques de la zone d'occupation soviétique, qui devient la République démocratique allemande (RDA) en octobre 1949, puis celles des trois zones occidentales qui deviennent la République fédérale d'Allemagne en mai de la même année.

La République démocratique allemande

L'« Administration militaire soviétique en Allemagne » prend en main la zone orientale de l'Allemagne dès le début de juin 1945 et, avec le soutien de communistes allemands qui ont passé plus de dix années en exil en Union soviétique, elle entreprend immédiatement une transformation profonde des structures économiques et sociales de la zone. Ce sont, en septembre, la réforme agraire et, en octobre, la réforme de l'industrie. La réforme agraire repose sur l'expropriation et la confiscation de plus de deux millions d'hectares, redistribués dans un premier temps aux petits exploitants avant d'être transférés, par une nouvelle expropriation, à des coopératives de production agricole. C'est le début de la collectivisation de l'agriculture. La réforme de l'industrie, consécutive à la saisie des banques, est d'abord caractérisée par la confiscation par l'Union soviétique de plusieurs grandes entreprises (qui représentent 25 % de la production), puis par la transformation de près de dix mille autres en « entreprises appartenant au peuple » (*volkseigene Betriebe*, VEB). Considérée comme une mesure de dénazification et de lutte contre les « ennemis de classe », cette réforme constitue la base de la future économie socialiste.

Un autre grand trait de l'action des communistes en Allemagne de l'Est est l'élimination de la démocratie pluraliste. Certes, les partis sont autorisés dès juin 1945, mais seulement s'ils remplissent les conditions rassemblées sous l'appellation « antifasciste », ce mot d'ordre qui va permettre de placer les différents partis sous la coupe du parti communiste. En avril 1946, le parti social-démocrate est éliminé par le biais d'une fusion avec le parti communiste. Ainsi est créé le parti socialiste unifié d'Allemagne (*Sozialistische Einheitspartei Deutschlands*, SED*) qui va dominer pendant quarante ans la vie politique et sociale du nouvel État. La République démocratique allemande (*Deutsche Demokratische Republik*, DDR) est fondée le 7 octobre 1949, par le haut : le congrès populaire qui ratifie la Constitution ne se compose en effet que de représentants de formations agréées par le parti et par l'occupant soviétique.

Enfin, la réforme administrative du 23 juillet 1952 élimine le fédéralisme et instaure la centralisation du pouvoir. Ainsi, les cinq Länder recréés dans cette zone après la guerre sont-ils remplacés par quatorze districts. Le centralisme devient le modèle de fonctionnement de l'État comme du parti dominant.

La démocratie proclamée en RDA n'a rien de commun avec la conception que l'on en a à l'Ouest. Tout d'abord, le SED, défini dans la Constitution comme l'avant-garde de la classe ouvrière, exerce une suprématie qu'il justifie par le fait que le parti serait dépositaire de la vision scientifique du monde contenue dans le marxisme-léninisme. Ses directives ont valeur de lois, des lois qui sont entérinées par la Chambre d'acclamation qu'est le Parlement *(Volkskammer)*. Il n'y a pas de séparation des pouvoirs, les juges pouvant, par exemple, être démis par les représentants du peuple.

En accord avec la conception marxiste-léniniste de la vie politique, les autres partis ont perdu tout caractère d'opposition. Rassemblés dans une alliance intitulée « front national », où se retrouvent également les organisations de masse qui englobent les différentes sphères de la société, leur rôle est de soutenir la politique du SED. Les dirigeants est-allemands vont calquer leur politique sur celle de Moscou ; ainsi, la RDA connaîtra une période stalinienne, suivra la condamnation du titisme* et fournira ensuite une grande partie des troupes chargées de rétablir l'ordre dans les démocraties populaires tentées par une réforme du système (à Budapest en 1956 et à Prague en 1968). L'alignement sur Moscou peut être symbolisé par l'autocritique d'Anton Ackermann (1905-1973), qui, en 1948, reconnaît l'extravagance de son idée selon laquelle il y aurait un « cheminement spécifiquement allemand vers le socialisme ».

Enfin, en dépit du principe ancré dans la Constitution, les élections ne sont pas libres en RDA. Elles se résument à l'approbation d'une liste unique qui définit à l'avance la répartition des sièges entre le SED, les autres partis et les organisations de masse. L'élection devient une cérémonie où l'on ne vote pas à bulletin secret : au lieu d'être l'expression d'un choix personnel sur la politique à suivre, elle est conçue comme l'expression de l'adhésion populaire aux décisions du parti. Ainsi la liste unique peut-elle être approuvée à 99 % des voix.

Malgré la pesanteur du système et l'omniprésence de la surveillance organisée par le ministère de la Sécurité d'État (Stasi*), des Allemands de l'Est commencent, dans les années 80, à élargir leurs petites « niches » de liberté de pensée et à discuter de la nécessité de réformer le système. C'est là que les Églises évangéliques deviennent un lieu d'accueil, tout en ne sachant pas dépasser l'ambiguïté de leur attitude.

En effet, depuis qu'elles se sont, en 1968-1969, séparées de leurs homologues de l'Ouest et proclamées « Églises dans le socialisme », les Églises évangéliques sont devenues l'une des instances de légitimation du système est-allemand, ce que le chef de l'État Erich Honecker a d'ailleurs honoré en leur reconnaissant une certaine autonomie. Tandis que les Églises joueront un rôle important dans l'organisation de la révolution pacifique de 1989, leur ambivalence, qui durera de longues années – et que l'on peut mettre en rapport avec la docilité bienveillante des partis qui soutiennent le SED –, demeurera un contentieux entre Allemands.

La République fédérale d'Allemagne

Les trois zones occidentales de l'Allemagne, administrées respectivement par les États-Unis, la Grande-Bretagne et la France, vont d'abord être gérées séparément avant de fusionner en deux étapes. Dès décembre 1946, les zones américaine et britannique se rassemblent pour créer la « bizone ». En avril 1949, enfin, les Français acceptent la réunion de leur zone avec la bizone, peu avant la création de la République fédérale d'Allemagne.

En même temps que les occupants occidentaux tentent de mener à bien la dénazification dans l'administration, les médias et l'enseignement, ils s'attachent à démocratiser la partie d'Allemagne dont ils ont la charge. Très tôt, en particulier dans la zone d'occupation américaine (dès 1945), ils confient l'administration communale à des Allemands dont l'intégrité est avérée. Ainsi, avec la création de Länder et l'élection de parlements et de gouvernements régionaux, on assiste à une renaissance de la démocratie par le bas.

L'objectif majeur des Alliés occidentaux est d'ancrer en Allemagne les valeurs de la démocratie libérale et pluraliste. Ils encouragent la création de partis et de syndicats démocratiques, et les trois grandes formations qui vont marquer la vie politique ouest-allemande pendant quarante ans se constituent : la *Christlich-Demokratische Union* (CDU, chrétienne-démocrate), le SPD social-démocrate et le *Freie Demokratische Partei* (FDP, libéral). Les premières élections régionales ont lieu en 1946 dans la zone américaine, plusieurs mois avant que les deux autres occupants, plus méfiants, les organisent dans leurs zones. La gestion de la bizone (sous contrôle allié) est confiée en 1948 à des Allemands élus par les Länder : c'est l'embryon du futur État ouest-allemand.

Les valeurs libérales trouvent aussi leur expression dans le domaine économique. La reconstruction et le développement de l'économie de marché sont facilités par les fonds américains du plan Marshall* dont l'Allemagne bénéficie au même titre que les autres nations européennes, ainsi que par la réforme monétaire de 1948 qui assainit l'économie. Et les Allemands vont eux-mêmes, avec l'économiste Ludwig Erhard (1897-1977), développer le modèle allemand de l'« économie sociale de marché », fondée sur le libre jeu de la concurrence dont les effets néfastes sont tempérés par l'action sociale de l'État.

Même s'il a fallu l'autorisation des Alliés pour créer la République fédérale d'Allemagne en mai 1949 et leur assentiment lors de la rédaction de la Constitution appelée Loi fondamentale*, l'État allemand occidental a aussi été créé par le bas. Les membres du Conseil parlementaire chargé d'élaborer la Constitution ont été choisis par les parlements régionaux. Et la répartition des députés du premier Bundestag* (chambre fédérale), élus en août 1949 au suffrage universel, libre et secret, montre que la population a démocratiquement confirmé les choix des partis politiques ayant élaboré la Constitution du nouvel État.

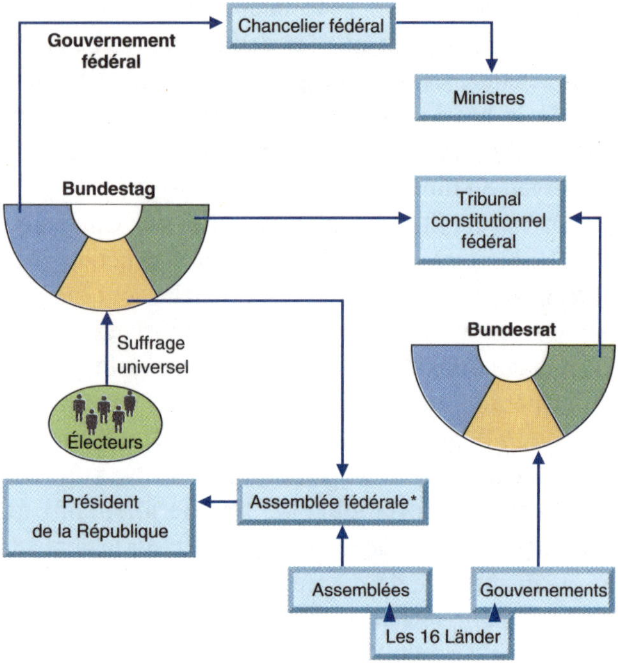

* chargée uniquement d'élire le président de la République.

Le système politique de la République fédérale. *Ce schéma montre comment les Länder participent aux décisions au niveau fédéral (Bund*).*

La République fédérale d'Allemagne est définie par l'article 20 de la Constitution comme « un État fédéral démocratique et social » où « tout pouvoir d'État émane du peuple ». Sa principale caractéristique est le fédéralisme. Chaque Land, cœur de la vie politique et sociale, possède des organes de pouvoir législatif (parlement), exécutif (gouvernement et administration) et judiciaire (tribunaux). Les Länder sont représentés au niveau fédéral au sein du Bundesrat*. Deux assemblées légifèrent avec prééminence du Bundestag, l'Assemblée nationale élue au suffrage universel. Le Bundesrat est composé de représentants des gouvernements des Länder, ceux-ci ayant, selon leur taille, de trois à cinq voix. Depuis la création de la République fédérale d'Allemagne, le gouvernement a – excepté de 1957 à 1961 – toujours été formé sur la base d'une coalition de partis. Responsables devant le Bundestag, gouvernement et chancelier peuvent être renversés par une majorité de députés exprimant un «vote de défiance constructif», qui contraint la coalition des forces votant la défiance à former un nouveau gouvernement.

Depuis quarante ans, la démocratie ouest-allemande a été marquée par une grande stabilité, tout en permettant l'alternance des forces au pouvoir et en respectant ainsi les règles du jeu démocratique (voir annexes pp. 115 et 116).

L'Allemagne unifiée

Pour pouvoir réfléchir sur les difficultés auxquelles sont confrontés les Allemands quatre ans après l'ouverture du mur de Berlin, il est indispensable de savoir sur quoi se fonde l'« identité ouest-allemande », de connaître les éléments qui constituèrent une « identité est-allemande » et de disposer de repères pour comprendre la réunification.

Éléments de l'identité ouest-allemande

Le terme « identité » signifie ici l'ensemble des repères et valeurs qui permettent aux individus de se reconnaître et d'être reconnus comme appartenant à une communauté donnée. L'adjonction de l'adjectif « national » a, du fait de la division de l'Allemagne, entretenu une équivoque quant à la communauté en question. Mais quarante années d'existence de la République fédérale ont, outre les éléments propres à la question nationale, forgé une identité particulière, fondée sur un certain nombre de valeurs démocratiques.

La démocratie et la liberté en constituent la pièce maîtresse. Tandis qu'à l'étranger est très répandue l'image d'Épinal présentant les Allemands comme un peuple privilégiant toujours le groupe – et tandis qu'il est vrai que les gens en Allemagne s'engagent volontiers dans la vie associative –, il y a dans ce pays un attachement particulier aux droits fondamentaux* de l'individu. On peut affirmer que la population a intégré la volonté des pères de la Constitution qui ont placé les droits fondamentaux non pas en préambule mais dans les premiers articles de la Loi fondamentale. En outre, les droits fondamentaux de l'individu constituent les normes qui lient les trois pouvoirs, législatif, exécutif et judiciaire. Le nombre de requêtes individuelles devant le Tribunal constitutionnel fédéral* de Karlsruhe, chargé de protéger et de faire appliquer la Constitution, est impressionnant. Cette tendance à la défense systématique des droits de l'individu révèle une vigilance exacerbée et une méfiance à l'égard des pouvoirs publics, qui aboutit parfois à des situations conflictuelles. Ainsi, ce qu'on a appelé dans les années 70, non sans volonté de polémique, les « interdictions professionnelles » – c'est-à-dire des mesures permettant d'exclure de la fonction publique tout sympathisant avéré de l'extrême gauche – ont été l'objet de nombreuses manifestations et requêtes devant le Tribunal constitutionnel. Au-delà d'une application extrême de l'idée selon laquelle l'État est chargé d'éliminer de son sein les ennemis potentiels de la démocratie, ce type de législation révèle le conflit entre les deux piliers de l'identité ouest-allemande, l'antinazisme et l'anticommunisme.

Avec le poids de l'héritage du passé et dans l'atmosphère conflictuelle de la guerre froide destructrice pour la nation allemande, c'est en effet grâce à un double repoussoir qu'a pu se former une identité, une conscience spécifique ouest-allemande.

Le premier repoussoir est le national-socialisme, mais également ce qui a permis sa mise en place, c'est-à-dire à la fois les défauts de Weimar et les conditions propices à la montée du nazisme. Ainsi, la Loi fondamentale a-t-elle été élaborée en comparaison avec la Constitution de Weimar et avec l'intention d'en corriger les défauts. La multiplication des partis représentés au Parlement, facteur d'instabilité ministérielle, est entravée en République fédérale par la « clause des 5 % », appliquée en 1949 au niveau régional et depuis 1953 pour l'ensemble du territoire. Par cette clause, seuls les partis ayant obtenu plus de 5 % des voix sont représentés au Parlement. Il en résulte une concentration du système des partis et une relative stabilité gouvernementale.

A l'opposé de Weimar qui n'accordait aucune place aux partis politiques volontiers méprisés, le rôle de ces derniers est ancré dans la Loi fondamentale qui leur reconnaît une fonction décisive dans le processus démocratique. En outre, le texte constitutionnel prévoit l'interdiction de tout parti dont l'objectif affiché serait l'élimination du système démocratique de l'Allemagne fédérale. Depuis 1949, le Tribunal fédéral a fait interdire un parti d'extrême droite en 1952 et le parti communiste en 1956.

La fonction de repoussoir du nazisme apparaît elle aussi dans la Loi fondamentale. Ce n'est pas un hasard si l'article 1er proclame que « la dignité de l'homme est intangible » et qu'« il est du devoir de tous les pouvoirs publics de la respecter et de la protéger ». De même, l'égalité des droits est formulée en précisant qu'aucun critère de race, de confession ou de langue ne saurait justifier une quelconque discrimination. Personne ne peut être contraint à porter les armes. D'ailleurs, de très nombreux jeunes choisissent chaque année de faire un service civil, dont les conditions sont en général beaucoup plus dures que celles qu'ils auraient rencontrées dans la *Bundeswehr**, l'armée fédérale. Enfin, depuis les circonstances qui ont contribué à la montée du nazisme, les désordres économiques et l'inflation sont considérés en Allemagne comme particulièrement dangereux. Il y a dans la politique des taux d'intérêt, si souvent pratiquée par la Bundesbank et dans les discours de tous les gouvernements, la trace évidente d'un passé qui pèse, car on associe la désaffection des Allemands pour la démocratie dans les années 20 à l'instabilité économique et à la dépréciation de la monnaie.

Le second repoussoir était, jusqu'à l'unification en octobre 1990, l'Allemagne communiste de l'autre côté du mur. Comme on vient de le dire, le parti communiste (*Kommunistische Partei Deutschlands*, KPD) a été interdit en République fédérale en 1956. Et si un nouveau parti communiste a pu se reformer en 1968 (*Deutsche Kommunistische Partei*, DKP), il a été, comme les autres formations d'extrême gauche, l'objet d'une étroite surveillance dans ce pays qui a compté, pendant quarante ans, un très grand nombre d'espions. Lorsque l'Allemagne fédérale a été confrontée, dans les années 70 surtout, au phénomène du terrorisme d'extrême gauche (Fraction armée rouge, dite « bande à Baader »), des mesures exceptionnelles ont été prises qui, entre autres, limitèrent les droits fondamentaux des terroristes ou des sympathisants. On a touché là, de la même façon qu'avec les « interdictions professionnelles » et la manière dont on les a justifiées à l'époque, la contradiction du système démocratique ouest-allemand. En effet, fallait-il limiter des droits pour défendre l'État de droit ? La justification de ces mesures exceptionnelles a toujours été la même : en comparaison avec le système est-allemand, la démocratie ouest-allemande est irréprochable. Sur la question du respect des droits de l'homme, la RDA a fonctionné comme un constant repoussoir, comme le négatif permettant d'élaborer une identité positive. D'une certaine façon, c'est grâce à l'existence de l'État est-allemand qu'a pu se développer une conscience démocratique particulière à l'Ouest, la République fédérale reproduisant à l'extrême un phénomène constaté dans toutes les démocraties occidentales. L'anticommunisme a permis l'intégration très rapide de la République fédérale dans le bloc occidental. Sur les deux piliers que sont l'antinazisme et l'anticommunisme, l'équilibre était stable. Ainsi le chancelier Helmut Schmidt, au pouvoir de 1974 à 1982, pouvait-il répondre aux critiques concernant les mesures exceptionnelles de la fin des années 70 en déclarant : « Par rapport à la terreur brune et à la terreur rouge, notre système est irréprochable. » On comprendra donc pourquoi l'ouverture du mur de Berlin et la disparition de l'État est-allemand ont fait naître une nouvelle interrogation sur l'identité ouest-allemande.

Comment intégrer, pendant quarante années, la réalité de la division de l'Allemagne dans la conscience nationale ouest-allemande ? Cette question majeure constitue également l'un des fondements de l'identité qui s'est développée en République fédérale et qui va permettre le processus rapide de la réunification, si ce n'est dans les esprits, du moins dans la pratique. Le principe intangible défendu pendant ces quarante années à l'Ouest était l'unité de la nation allemande. Lors de la création de la République fédérale, les Allemands de l'Ouest ont obtenu des Alliés occidentaux que la Constitution de 1949 ne soit pas intitulée « Constitution » mais « Loi fondamentale », afin de souligner le caractère provisoire de l'État ouest-allemand et de conserver l'appellation « Constitution » pour l'État allemand réunifié du futur. Le grand texte fondateur de la République fédérale était accompagné d'un préambule (voir annexes p. 1134) qui livre l'essence de la conception ouest-allemande de l'unité de la nation. Ainsi, cette Constitution a-t-elle été donnée « pour une période transitoire » aux onze Länder de l'Ouest, dont la population a agi au nom des Allemands « qui n'ont pas eu le droit de participer ». Enfin, et c'est ce qu'on appellera pendant quarante ans « le commandement de la réunification », « le peuple allemand tout entier est appelé à parachever, par la libre autodétermination, l'unité et la liberté de l'Allemagne ». Le point le plus important est bien la liaison étroite de l'unité *et* de la liberté, la réunification n'étant concevable que dans un système démocratique. Le principe de la libre autodétermination pose les élections libres comme le préalable à toute réunification. Ainsi, dès 1949, les Allemands de l'Ouest ont-ils fixé les conditions d'un dépassement de la division et, avec eux, les Alliés occidentaux se sont engagés en octobre 1954 à tout entreprendre pour permettre la solution de la question allemande, c'est-à-dire la réunification des deux États « dans un système démocratique comparable à celui de la République fédérale d'Allemagne ».

Les termes allemands pour désigner la République fédérale, *Bundesrepublik Deutschland*, signifient « République fédérale Allemagne » : l'État ouest-allemand est conçu comme identique à l'Allemagne, même si ce n'est que partiellement du point de vue territorial. La RDA (où le A est l'initiale de l'adjectif « allemande ») n'est d'abord considérée que comme la zone soviétique, le système est-allemand n'étant pas le résultat d'un choix de la population de la zone. Pour les Allemands de l'Ouest, il n'existe qu'une seule nationalité allemande, et tout citoyen est-allemand qui, malgré les insurmontables difficultés, a pu passer le mur, a immédiatement reçu le passeport ouest-allemand. Le traité de décembre 1972, qui a fixé les relations entre les deux États allemands, n'a pas été un reniement de cette conception. En effet, les Allemands de l'Ouest ont reconnu l'existence de l'État est-allemand sans pour autant reconnaître la RDA en droit international. Cette nuance très fine signifiait l'acceptation de l'existence de deux États allemands, mais, en même temps, l'affirmation de l'existence d'une seule nation allemande. La RDA n'a pas été reconnue comme un pays étranger – d'ailleurs les deux États n'ont pas échangé des ambassades, mais des « représentations permanentes ». L'*Ostpolitik* de Willy Brandt, chancelier de 1969 à 1974, dans laquelle s'inscrit ce traité, avait pour objectif de normaliser les relations, c'est-à-dire surtout de favoriser les contacts entre les deux populations afin d'éviter que, dans les faits, elles deviennent réellement étrangères l'une à l'autre. L'idée essentielle était de combler quelque peu le fossé entre les deux Allemagnes et de créer des espaces de liberté pour les compatriotes, notamment par les contacts privés et par les médias.

En conclusion, les Allemands de l'Ouest ont, dans les textes comme dans la pratique, entretenu pendant quarante ans l'idée de l'existence d'une communauté nationale malgré les différences. Après avoir réussi pendant quelques années à isoler diplomatiquement la RDA, la République fédérale a entrepris de mettre en place elle-même les conditions propices à la réunification. Mais la schizophrénie engendrée par la division du pays pouvait apparaître clairement dans le choix de la « fête nationale », jour férié en République fédérale : le choix s'était porté sur le 17 juin, intitulé « jour de l'unité allemande » en souvenir du 17 juin 1953* où, en RDA, un mouvement de grève et de manifestations contre la décision gouvernementale de hausser les normes de production avait été écrasé par les chars soviétiques.

Éléments d'une «identité est-allemande»

Si l'on demeure fidèle à la définition que l'on a donnée du terme « identité », il est tout à fait possible de parler d'une « identité est-allemande », que l'on précisera comme une « identité de RDA ». En effet, les quarante années de division, et surtout les vingt-huit années qui se sont écoulées depuis la construction du mur en août 1961 jusqu'à son ouverture en novembre 1989, ont permis l'élaboration d'une conscience particulière d'appartenir à une communauté, avec des valeurs spécifiques, dont il faut distinguer celles qui ont été définies par l'État et le parti et celles qui ont été intégrées par la population. Les deux piliers de l'identité cultivée par l'État sont l'internationalisme et l'antifascisme.

Dans la conception internationale du marxisme-léninisme, la notion de « peuple » prend un sens spécifique. L'œuvre du « peuple de la République démocratique allemande » est définie dans la Constitution de 1949 (dans sa version remaniée en 1974) comme « le prolongement des traditions révolutionnaires de la classe ouvrière allemande», et la RDA est «l'organisation politique des travailleurs à la ville et à la campagne». Le préambule de la Constitution dans sa version de 1974 précise que le peuple de la RDA «poursuit le chemin de la démocratie et de l'amitié entre les peuples». Ainsi, la notion de peuple est-elle ancrée dans la vision de la lutte des classes au niveau mondial, la composante nationale s'effaçant derrière la notion de classe ouvrière. Autrement dit, le peuple de la RDA est conçu comme un peuple de travailleurs qui aurait comme caractéristique secondaire d'être allemand.

L'antifascisme proclamé dès 1945 est intimement lié à cette conception marxiste-léniniste. En effet, le national-socialisme est intitulé «fascisme», considéré lui-même par l'idéologie comme un auxiliaire du capitalisme. Pour ne citer qu'un exemple, l'ancien camp de concentration de Ravensbrück était, sous le régime de la RDA, ouvert au public autour d'une exposition consacrée aux liens étroits entre les nazis et l'industrie lourde et ne présentant le système concentrationnaire que comme un instrument mis au service du grand capital. Les résistants communistes au régime hitlérien ont atteint le rang de «héros du peuple», ce qui est légitime, mais en effaçant toute participation d'autres cercles à la Résistance. Ainsi, la lecture de l'Histoire se résuma-t-elle en RDA à l'histoire de la lutte entre l'impérialisme du grand capital et la résistance de la classe ouvrière. Cette lecture particulière du national-socialisme a contribué à gommer toute spécificité du

Le mur déchire la ville et divise le pays

(photo à droite)
Sur le mur, photographié ici peu de temps après sa construction le 13 août 1961, on a écrit, du côté Ouest : « Il n'existe qu'un seul Berlin. » On distingue, à l'arrière-plan, des maisons de Berlin-Est.
Ph. © Henri Cartier-Bresson/Magnum.

(Photo ci-dessus)
Le mur, au premier plan, du côté Ouest, est couvert d'inscriptions.
A l'arrière-plan, le « rempart de protection » et Berlin-Est.
Entre les deux, la RDA a créé un no man's land *avec un système sophistiqué de tirs automatiques.*
Ph. © Josef Koudelka / Magnum.

SUCH DIE GESETZGEBUNG
MENDINGER WINZER
sie haben mich alle nicht verstanden

es gibt nur EIN Berlin!

régime nazi par rapport aux autres formes de fascisme.

Face au problème de la division de l'Allemagne, la position de la RDA a évolué avec le temps. Comme l'indique clairement le texte de l'hymne national est-allemand, avec son refrain « Allemagne, patrie unie » *(Deutschland einig Vaterland)*, la réunification a été dans un premier temps un objectif officiel. Dans la Constitution révisée en 1968, la division de l'Allemagne est encore présentée comme l'œuvre « de l'impérialisme sous la direction des États-Unis et avec l'assentiment du grand capital ouest-allemand ». C'est avec ce même langage que la construction du mur de Berlin a été justifiée en RDA : alors que ce mur a été, de toute évidence, construit pour empêcher la fuite de citoyens est-allemands vers l'Ouest (plus de trois millions depuis 1949), il a été présenté à l'intérieur comme un rempart érigé afin de préserver le socialisme des perfides attaques des impérialistes occidentaux. La répression du soulèvement du 17 juin 1953 avait été justifiée de la même façon : les autorités est-allemandes avaient présenté les manifestants réclamant des élections libres comme des fauteurs de trouble manipulés par l'Ouest.

En 1968 encore, le préambule de la Constitution pose l'idée que le peuple de la RDA doit « montrer à la nation allemande tout entière la voie qui conduira à un avenir de paix et de socialisme ». Mais au début des années 70, lorsque, avec Erich Honecker, le parti cherche à donner une légitimité à la RDA, non seulement sur le plan international mais également à l'intérieur, la direction est-allemande opère un virage. La réforme constitutionnelle d'octobre 1974 efface toute référence à la nation allemande. De «la RDA est un État socialiste de nation allemande», le pays devient «un État socialiste des ouvriers et des paysans». Alors que la RDA se caractérisait par rapport à l'extérieur comme partie d'un tout, elle se définit désormais par ses constituants, tournée vers l'intérieur. Et, le texte ne correspondant plus à la ligne officielle, l'hymne national ne sera plus que fredonné. Depuis le traité de 1972, la direction de la RDA affirme qu'il existe en Allemagne non seulement deux États, mais aussi deux nations distinctes. L'éducation prend alors une importance toute particulière. Si la jeunesse est-allemande est l'objet, depuis 1949, de lois successives qui privilégient l'«éducation au socialisme», elle doit, dès lors, aussi être éduquée à l'amour de la patrie-RDA. Ainsi, la cérémonie de la *Jugendweihe*, sorte de baptême au socialisme, fait-elle directement concurrence à l'Église; elle doit aussi et surtout consacrer, par le biais du serment, la fidélité de la jeunesse à l'État RDA et à ses valeurs.

Une nation? deux nations? Au-delà de la volonté de la direction est-allemande d'ancrer à l'intérieur l'existence de l'État socialiste, il s'agit là sans doute d'une querelle sur les mots. En effet, si la RDA n'est pas parvenue à créer une nation qui se reconnaisse entièrement dans les valeurs communes imposées par le parti, quarante années d'existence de la RDA ont créé une communauté, non seulement de vie, mais aussi de certaines valeurs. Ainsi, la population est-alle-

Pour l'unité dans la liberté. *Quelques jours après l'ouverture du mur de Berlin le 9 novembre 1989, 200 000 manifestants réclament, à Leipzig, « des élections libres et l'Allemagne unie ». A l'arrière-plan, on peut aussi lire : « Des élections libres sans trucage ».* Ph. © Studio X.

mande a-t-elle une conscience particulière de la solidarité dans un État social. Cette conscience va expliquer un grand nombre de difficultés rencontrées après la réunification.

Repères pour comprendre la réunification

La réunification, qui est en réalité une « unification » par rapport à l'Allemagne de 1949, est un processus très simple qui s'est réalisé en moins d'une année.

Le 9 novembre 1989, la décision de la direction est-allemande d'ouvrir le mur de Berlin et la frontière

La République fédérale s'est élargie.
Depuis l'unification du 3 octobre 1990, elle compte cinq Länder supplémentaires, soit un total de seize Länder.

entre les deux États allemands est la dernière étape de sa réaction désespérée face au mécontentement de la population et à l'exode qu'a facilité l'ouverture de la frontière entre la Hongrie et l'Autriche. L'ouverture du mur est d'abord conçue comme l'ouverture d'une soupape. La révolution pacifique menée par des «mouvements de citoyens» aspirant à une réforme du système de la RDA conduit rapidement à la mise à l'écart des anciens dirigeants et à la mise en place d'un gouvernement disposé à suivre la volonté populaire qui s'exprimera dans des élections libres. L'article 23* de la Loi fondamentale ouest-allemande prévoyait l'adhésion « d'autres parties de l'Allemagne » qui demanderaient démocratiquement leur rattachement à la République fédérale. C'est déjà en application de cet article 23 que la Sarre est devenue un Land allemand le 1er janvier 1957. L'étape suivante du processus d'unification a donc été, au début de l'année 1990, le rétablissement des cinq anciens Länder de RDA qui avaient été abolis en 1952. Des élections libres sont organisées le 18 mars 1990, et les partis démocratiques favorables à l'adhésion à la République fédérale remportent une écrasante majorité. Les conditions de l'unification prévues depuis 1949 par les Allemands de l'Ouest et les Alliés occidentaux sont donc remplies : libre autodétermination de la population est-allemande, unité dans la liberté.

Contrairement à un jugement fort répandu en France, l'unification allemande est bien un élargissement de l'Allemagne fédérale. Avec l'adhésion des cinq Länder est-allemands et de Berlin-Est à la République fédérale, l'État est-allemand a disparu. Mais l'État ouest-allemand demeure, sa Constitution s'applique simplement à un territoire plus grand, qui comporte désormais seize Länder. Certes, à la différence des quarante années de division où l'on ne savait jamais très bien de quelle Allemagne on parlait, l'appellation « Allemagne » n'est aujourd'hui plus problématique. Cela n'empêche pas la République fédérale de rester la République fédérale, de la même façon que l'existence du mot « France » n'empêche pas d'employer l'expression « République française ». L'attachement des Allemands à la dénomination « République fédérale Allemagne » traduit bien la volonté de souligner les caractéristiques de cet État : le fédéralisme et la démocratie dans la république.

Le 3 octobre 1990, date de la signature du traité, l'unification de l'Allemagne est officielle. Voilà la nouvelle « fête nationale ». La question allemande a trouvé sa solution et l'élargissement est définitif. En effet, un nouveau préambule (voir annexes p. 113) a remplacé celui de 1949 qui appelait à la réunification ; il déclare : « Les Allemands dans les Länder X, X, X... *ont parachevé*, par la libre autodétermination, l'unité et la liberté de l'Allemagne. » De même, l'article 23 de la Loi fondamentale, base de l'entrée des Länder de l'Est dans la République fédérale, a été supprimé en 1990. Un nouvel article 23 est venu le remplacer en 1992, avec un contenu permettant les transferts de compétences à l'Europe communautaire.

Ces repères historiques permettent de donner à l'Allemagne d'aujourd'hui l'arrière-plan indispensable pour que, de France et d'ailleurs, elle puisse être connue, comprise, jugée.

L'histoire de l'Allemagne
montre que ce pays a, lui aussi,
des traditions démocratiques,
et que l'Allemagne réunifiée
n'est pas nécessairement une menace
pour elle-même et pour l'Europe.

Pour pouvoir connaître et juger,
de l'extérieur, l'Allemagne actuelle,
il faut comprendre en quoi
elle est différente, et pourtant si semblable
à ses voisins qui l'observent.

L'Allemagne semblable et différente

Identité et histoire

La première partie de ce livre a sans doute permis au lecteur de modifier son regard sur l'Allemagne. Il aura peut-être perdu l'envie – attitude habituelle, chez nous en France, mais aussi en Angleterre ou en Belgique – de considérer l'Allemagne de façon sourcilleuse et soupçonneuse. « Que vont-ils encore faire ou dire qui nous choque et qui nous paraisse si typiquement allemand que notre image négative s'en trouvera confortée ? » Heureusement confortée : le soupçon permanent crée un merveilleux confort intellectuel, puisqu'il dispense de chercher à savoir, à connaître. On « les » connaît une fois pour toutes. Comme on connaît « les » Arabes ou « les » Juifs. Sans trop chercher à comparer, donc à se demander si telle attitude ou tel mécanisme n'existent pas chez nous comme en Allemagne, si tel phénomène n'est pas plus intense dans notre société, le vote xénophobe, par exemple.

La démocratie moderne *(page précédente).* *Une séance du Bundestag.* Ph. © Studio X.

«Les» Allemands

Il est vrai que l'Allemagne n'a été que seconde dans l'ordre du rejet. Il y eut d'abord la Prusse. Souvenez-vous de vos premières lectures. Dans les *Contes du lundi* d'Alphonse Daudet, le vieux colonel auquel on fait croire que l'armée française avance vers Berlin, alors que l'ennemi entre déjà dans Paris, ouvre sa fenêtre, regarde et tombe mort après avoir crié : « Les Prussiens ! » Au lycée, vous avez lu les admirables nouvelles de Maupassant, en particulier *Les Deux Amis*, où deux paisibles bourgeois de Paris se font surprendre par le même ennemi pendant le siège de la capitale. Ils sont certes fusillés par des soldats allemands, mais l'officier qui donne l'ordre de faire feu est un Prussien. Il s'agit de 1870 et, depuis, Daudet et Maupassant sont morts depuis longtemps. Seulement, l'image a survécu. En 1945, la première instruction du gouvernement français au commandant en chef français de l'Allemagne occupée parle de Prusse à détruire plus que de nazisme à éliminer. En 1962 encore, le général de Gaulle, président de la République, évoquant la RDA et le mur, dit : « De l'autre côté, c'est la Prusse ! » Et en 1990, lors de la réunification, devant combien de journalistes et d'hommes politiques français le spectre de la Prusse ne s'est-il pas dressé ! Une Prusse pourtant disparue depuis longtemps. Une Prusse qui, du point de vue des valeurs dont nous nous réclamons, n'avait pas eu que des côtés négatifs. Ainsi, le nom de Lothar de Maizière, chef chrétien-démocrate du dernier gouvernement de la RDA en voie de disparition, n'évoquait-il nullement l'exil de protestants prussiens se réfugiant auprès de Louis XIV, mais bien la fuite de huguenots français persécutés trouvant refuge dans la Prusse tolérante !

Ce sont cependant « les Allemands » dont on parle habituellement. C'est qu'avant de parler on n'a pas réfléchi, et on ne s'est pas souvenu d'une petite histoire connue dès l'école : « Socrate dit que les Grecs sont menteurs. Or Socrate est grec. Il est donc menteur. Donc il a dit faux. Donc les Grecs ne sont pas menteurs. Donc il a dit vrai et les Grecs sont menteurs. Or... », et ainsi de suite. En quoi est-ce stupide ? C'est que le contraire de « les » n'est pas « aucun », mais « les uns oui, les autres non », de même que le contraire de « toujours » n'est généralement pas « jamais », mais « tantôt, tantôt ». « Quelles questions les jeunes Allemands posent-ils à leurs pères sur le comportement de ceux-ci sous Hitler ? » demande-t-on communément en France. Or, en interrogeant de la sorte, on oublie que 97 % des Allemands d'aujourd'hui n'étaient pas majeurs lorsque Hitler est arrivé au pouvoir en 1933, et que 89 % ne l'étaient pas lorsque Hitler s'est suicidé. Le père du lycéen de seize ans est né vers 1950, le grand-père vers 1922. Il vaudrait donc mieux lui faire poser ces questions à son arrière-grand-père – si par chance il est encore en vie. Pour nombre de Français, les Allemands sont si constamment semblables à eux-mêmes qu'on les voit avoir des enfants à quatre-vingt-dix ans !

L'Allemagne existe, par le jeu de l'article 23, comme République fédérale s'étendant depuis 1990 jusqu'à la frontière polonaise. Mais les Allemands existent-ils ? La réponse sera à la fois négative et affirmative. Négative parce qu'un être humain ne se réduit pas à une seule identité, notamment à l'identité nationale. On l'a vu précisément en 1990 : le sentiment national allemand a été défaillant dès qu'il s'est agi de partager entre Allemands. L'identité dominante a été socioprofessionnelle : les syndicats de l'ancienne République fédérale ont défendu les intérêts matériels de leurs adhérents plutôt que de se sentir en priorité solidaires des salariés bel et bien allemands de l'ex-RDA. Et l'identification occidentale a été si forte que le sentiment de supériorité à l'égard de ces compatriotes a souvent été écrasant. Dans le traité d'unification, il est dit qu'à partir du 1er juillet 1991 les chaussures orthopédiques ne seraient plus, comme par le passé, intégralement remboursées à l'Est. Eût-il été ruineux, pour la riche Allemagne occidentale, d'accepter que lesdites chaussures fussent dorénavant également remboursées à l'Ouest ? Il convenait de considérer comme mauvais tout ce qui avait été établi chez les autres Allemands depuis 1945.

Pourtant, les Allemands constituent aussi une collectivité identificatrice. D'un côté, par le regard unifiant que le monde extérieur pose sur eux. Que de jeunes Allemands, aujourd'hui encore, éprouvent une sorte de malaise permanent parce qu'ils sentent peser sur eux une réprobation, sinon même une accusation, comme si, parce que Allemands, ils avaient personnellement massacré la population d'Oradour-sur-Glane ou poussé des Juifs dans les chambres à gaz ! D'autre part, il existe deux sortes d'auto-identification. La première tient au code de la nationalité. En France, même la nouvelle législation de 1993 sur la nationalité n'a pas changé le principe essentiel : l'appartenance à la nation française est citoyenne. A l'interrogation allemande : « Que faites-vous de vos jeunes étrangers, en France ? » il faudrait répondre, avec quelque exagération : « Nous n'avons pas de jeunes étrangers, mais des milliers de jeunes Français musulmans. » Et les naturalisations remplissent toujours de longues colonnes du *Journal officiel.* En Allemagne – malgré une modification substantielle de la loi, elle aussi entrée en vigueur en 1993, en sens inverse des modifications restrictives françaises –, on accède difficilement à la nationalité allemande, sauf si le demandeur a eu des parents ou grands-parents qui s'identifiaient comme allemands en Union soviétique ou en Roumanie. Il est difficile pour l'Allemagne de renoncer à accepter comme citoyens de plein exercice des Allemands qui avaient été identifiés, persécutés, déportés comme tels par Staline. Mais les chiffres montrent qu'il existe bel et bien un problème : en 1991, ont été intégrées comme citoyens *(eingebürgert)* 114 300 personnes qui y avaient automatiquement droit et seulement 27 300 par une naturalisation proprement dite – dont 3 500 Turcs, alors que, par centaines de milliers, des Turcs vivent en Allemagne depuis l'enfance ou depuis plus de vingt ans.

L'autre auto-identification provient de la vie en commun au sein des mêmes institutions, de la même organisation sociale. Elle provient davantage encore de ce qu'on appelle en général la mémoire collective. Dans son *Dictionnaire philosophique*, Voltaire définissait ainsi l'identité : « Le terme ne signifie que *même chose*, il pourrait être rendu en français par *mêmeté*... Ce n'est donc que la mémoire qui établit l'identité, la mêmeté de votre personne. » Quelle mémoire ? La mémoire du vécu personnel existe, encore qu'elle déforme sans cesse les faits mémorisés. Mais la « mémoire collective » devrait porter un autre nom, puisqu'il s'agit du résultat d'une transmission, d'une éducation. La famille, l'enseignement de l'histoire, les médias créent et modifient peu à peu la « mémoire » identificatrice d'une collectivité. En général, tout est fait pour que le contenu de cette mémoire soit glorificateur. Le 8 mai 1995, la France célèbre le cinquantenaire de la victoire. Qui évoque le massacre, survenu le même jour, que l'armée française a infligé à des milliers d'Algériens musulmans à Sétif ? L'Allemagne, elle, est appelée, du dehors et du dedans, à privilégier les années les plus criminelles du passé national. Parce que les crimes ont dépassé en horreur tout ce qu'on avait connu ? Pas seulement. Cela ne justifie pas le fait que les Français et les autres sont constamment appelés à identifier l'Allemagne aux douze années de la barbarie nazie au pouvoir. Semaine après semaine, nos chaînes de télévision font apparaître Allemagne et Allemands à partir de cette réalité-là. Celle du second après-guerre, celle de la démocratie pluraliste et libérale n'a guère d'existence sur nos petits écrans.

Les passés à assumer

Le mot allemand *Vergangenheitsbewältigung*, sans cesse présent dans le débat public, n'a pas d'équivalent en français. *Vergangenheit* signifie « passé ». Mais *bewältigen* ? Il s'agit de venir à bout d'une tâche, celle de la connaissance du passé, et de le maîtriser, c'est-à-dire de juger les faits et les hommes en fonction de critères moraux solides et homogènes. Il convient de se surmonter soi-même pour y parvenir, qu'on ait appartenu, directement ou par héritage, au camp des bourreaux et complices ou au camp des victimes.

Depuis 1990, les difficultés de la *Vergangenheitsbewältigung* se sont considérablement accrues puisqu'on s'est trouvé confronté au problème de la dictature répressive qu'a constituée la RDA. Comment traiter de ce passé-là ? Comment le juger, le classer par comparaison avec le passé hitlérien ? Il convient assurément de ne pas se satisfaire de la formulation du préambule de la Constitution du Land de Thuringe, soumise à ratification en novembre 1993. Il y est question d'« expériences douloureuses avec des dictatures traversées ». L'équivalence proclamée de façon implicite ne correspond pas à la réalité. Ulbricht et Honecker n'ont pas été des équivalents de Hitler. Mais cette constatation ne doit pas servir à cacher deux autres faits : en premier lieu, la RDA a bel et bien fait vivre ses citoyens dans la répression, dans la crainte, dans un système de « vérité » imposée, avec sanctions physiques ou professionnelles infligées à quiconque voulait agir pour plus de liberté, pour plus de vérité. Ensuite et surtout, les dirigeants communistes, avant et après leur arrivée au pouvoir, ont été complices des horreurs massives commises par le système soviétique. De même, d'ailleurs, qu'ont été complices les Français communistes, qu'ils aient su ou qu'ils aient refusé de savoir, dès lors qu'ils ont été des négationnistes, déclarant en particulier que le goulag n'existait pas et injuriant ses victimes.

En 1945, aucun pays d'Europe occidentale n'est parvenu à régler de façon satisfaisante la question des épurations, qu'il s'agisse de définir les culpabilités, de punir les coupables ou d'écarter des complices de la fonction publique et de professions influentes. Il ne pouvait pas en être autrement à l'Est à partir de 1990. Aucune solution ne pouvait être satisfaisante, ni la tchèque, avec une épuration massive imposée par le Parlement au président Havel, ni la hongroise, avec l'arrêt des sanctions imposé par la Cour constitutionnelle. Pour l'ex-RDA, les difficultés étaient encore plus grandes puisqu'elle avait eu pour voisine une autre Allemagne, avec laquelle les contacts n'avaient jamais cessé et s'étaient sans cesse développés au cours des années 70 et 80. Après la chute du régime, les Allemands de l'Ouest étaient-ils vraiment légitimés pour se faire juges des fautes ou des complicités de ceux de l'Est ? Trois cas donneront une idée des difficultés intellectuelles et morales à surmonter, celui de l'Église protestante, celui du parti social-démocrate, celui du parti chrétien-démocrate.

Les Églises évangéliques ont assumé en RDA deux fonctions contradictoires. Elles ont constitué des lieux de quasi-liberté, de protection contre la persécution. Elles ont en même temps formé la plus puissante des instances de légitimation du régime : les formules « Église dans le socialisme », « chrétiens dans le socialisme » attestaient que la dictature idéologique et bureaucratique réalisait bel et bien le socialisme de liberté et de justice dont le mouvement ouvrier avait rêvé. Elles étaient confortées dans cette attitude par celle – internationale – du Conseil œcuménique des Églises, qui donnait encore en 1988 à ses membres et à leurs fidèles le mot d'ordre « justice, paix et protection de la création », le mot « liberté » se trouvant délibérément écarté, à la grande satisfaction des régimes de l'Est.

L'*Ostpolitik* de Willy Brandt avait eu la juste visée d'obtenir de petits espaces de liberté pour les compatriotes en RDA et de négocier à cette fin avec les détenteurs du pouvoir. Dans les années 80, une partie des dirigeants sociaux-démocrates et nombre d'intellectuels ouest-allemands ont été jusqu'à fraterniser avec les dirigeants de l'autre État – comme si l'oppresseur de mes frères pouvait être traité en frère ! C'est pourtant à cela que renvoyait la formule de « *Bruder* Honecker ». Mais ce copinage avec les persécuteurs était-il du même degré de faute que le comportement de la CDU-Ost, du parti chrétien-démocrate en RDA ? Celui-ci, en faisant de la figuration sur la liste unique menée par le SED, en acceptant nombre de fonctions politiques, s'était constamment rendu complice, parfois même exécutant direct, de la persécution. Or, en 1990, le chancelier Kohl, président de la CDU en République fédérale, a voulu et obtenu l'intégration de la CDU de l'ex-RDA dans le grand parti occidental. Au nom de quoi effectuer alors les épurations ?

De toute façon, la tâche des juges (quels juges ? qui était pleinement qualifié pour juger ?) et des commissions d'évaluation était redoutable. Ainsi, pour les professeurs d'université, qui écarter, qui garder ? Si tel doyen n'avait pas fait preuve de virulence idéologique, il avait pourtant utilisé son pouvoir pour tuer la carrière de jeunes universitaires critiques, alors que tel autre avait eu un langage effroyable, mais accordé quelque protection à des jeunes prometteurs à l'esprit plus libre. Aucune réponse généralisante ne pouvait être tout à fait satisfaisante. D'autres choix ont été franchement mauvais. Erich Honecker, « patron » de la RDA de 1971 à octobre 1989, a pu partir au Chili, son procès ayant été arrêté, mais on a condamné des militaires qui ont tiré sur des compatriotes cherchant à fuir à l'Ouest. Que l'ordre d'ouvrir systématiquement le feu soit venu du sommet n'a pas entraîné l'indulgence pour les exécutants exécuteurs. De même, toute l'Allemagne s'est passionnée pour les révélations montrant combien d'honorables pasteurs ou sportifs avaient été des informateurs de l'omniprésente Stasi, la police de sécurité, alors que tel dignitaire du régime se trouvait épargné, comme si la tâche de la Stasi n'avait pas été précisément de fournir des renseignements aux détenteurs du pouvoir politique !

Malgré les apparences, le rapport au passé communiste n'était peut-être pas le plus important lors de l'entrée des « nouveaux Länder » dans la République fédérale. La relation au passé hitlérien avait elle aussi besoin d'être clarifiée pour que les nouveaux citoyens puissent comprendre sur quelles bases la démocratie de Bonn avait été édifiée. Dans cette perspective, il est dommage qu'un texte admirable n'ait pas eu un plus grand retentissement. Alors que le régime communiste s'était toujours voulu à tel point radicalement nouveau, que le poids du passé ne pesait nullement sur lui, la première et dernière Chambre du peuple librement élue en RDA a adopté unanimement, le 13 avril 1990, une déclaration par laquelle le passé criminel se trouvait assumé dans toutes ses dimensions, depuis le génocide infligé aux Juifs jusqu'aux massacres massifs en Union soviétique. Pardon est demandé, au nom du peuple allemand en RDA, aux Juifs, aux Tsiganes, aux Polonais, mais aussi aux Tchèques pour l'invasion de 1968 à laquelle la RDA avait participé pour mettre fin au « Printemps de Prague ».

Assumer la charge du passé au nom de la collectivité entière, la République fédérale l'a toujours accepté, depuis son premier Président, parlant de la « honte collective », et son premier chancelier, signant un traité de réparations avec Israël, jusqu'au chancelier Willy Brandt s'agenouillant à Varsovie devant le monument à la mémoire du ghetto et des Juifs exterminés. Porter le poids du passé n'équivaut nullement à l'acceptation de l'idée de culpabilité collective, surtout si cette notion devait être appliquée aux générations allemandes successives. La responsabilité est morale et, pour recourir au langage juridique, elle est civile. La langue française n'a malheureusement pas de mot équivalent à l'anglais *liability* et à l'allemand *Haftung* pour exprimer cette notion. De toute manière, la responsabilité personnelle au sens d'une culpabilité, d'une complicité, fût-ce par abstention, disparaît dès lors qu'on n'était pas en âge d'être complice ou qu'on n'était même pas né au moment des crimes. Le fait d'avoir bénéficié de « la grâce de la naissance tardive », selon l'expression si injustement reprochée au chancelier Kohl, ne signifie pas qu'on est déchargé du poids du passé, des responsabilités qu'il continue à imposer. Certes, Willy Brandt, lui, qui a fui l'Allemagne nazie dès 1933 et a lutté contre Hitler en exil, n'a pas eu à s'interroger. Mais, alors que Helmut Kohl n'avait que quinze ans en 1945, Helmut Schmidt a courageusement évoqué, dans son dernier discours de député, en 1986, ce qu'avait été la schizophrénie du jeune officier de la Wehrmacht qu'il avait été, combattant le jour sous les ordres de Hitler et souhaitant le soir la chute du tyran.

C'est dans ce sens que Walter Scheel, alors président de la République, s'était exprimé lors de son discours pour le 8 mai 1975 : « Hitler voulait la guerre… Il a transformé notre pays en une gigantesque machinerie de guerre et chacun de nous en était un petit rouage. On pouvait s'en rendre compte, mais nous avons fermé nos oreilles et nos yeux en espérant qu'il en était autrement. » Le discours vaut d'être cité davantage : « [...] Le 8 mai 1945 représente une date contradictoire dans l'histoire allemande... Certes, elle marqua l'effondrement définitif du régime national socialiste. Nous fûmes libérés d'un terrible joug, de la guerre, du meurtre, de l'esclavage et de la barbarie. Et nous avons poussé un soupir de soulagement lorsque ce fut la fin. Mais nous n'oublions pas que cette libération est venue du dehors, que nous, Allemands, nous n'avons pas été capables de nous débarrasser nous-mêmes de ce joug... Nous avons accepté que notre liberté, que la liberté de notre prochain, que la liberté de nos voisins soit profanée. Nous avons accepté que notre droit, le droit de notre prochain, le droit de nos voisins soit foulé aux pieds. En notre nom, des millions d'hommes ont été tués : Juifs, Tsiganes, malades mentaux, prisonniers politiques et bien d'autres... Notre peuple a payé les douze années de tyrannie (morts, destructions, expulsions, division)... Mais la tragédie allemande commence en 1933, et non en l'année 1945... Notre État a la force d'assumer toute l'histoire allemande, même celle des jours sombres. Nous ne prenons pas la fuite devant notre histoire. »

Cette dernière formule vaut d'être reprise pour trois raisons. D'abord, pour relever un fait étrange : chaque fois qu'un président ou chancelier allemand parle dans ce sens, on fait au-dehors comme si c'était la première fois, comme si enfin le passé se trouvait évoqué comme on l'attendait, comme on l'exigeait. Ainsi, en 1985, le discours de Richard von Weizsäcker sur le 8 mai 1945 a été justement loué, mais dans l'oubli total de celui de son prédécesseur. Ensuite, il faut se demander quelles conséquences ont été ou sont tirées de l'histoire assumée. Enfin, il convient de s'interroger sur les attitudes que l'on peut déceler dans l'Allemagne d'aujourd'hui quand on y évoque le passé.

Comprendre ensemble les leçons du passé

La plus claire, la plus nette des conséquences concerne les relations franco-allemandes et l'Europe. La qualité de celles-là, le fondement moral de celle-ci n'ont pas été établis malgré Hitler mais à cause de Hitler. En France, quand, de plus en plus, on discute du préambule de la Constitution de 1946, validé par celui de 1958, on ne s'étonne pas assez de son début : « Au lendemain de la victoire remportée par les peuples libres sur les régimes qui ont tenté d'asservir et de dégrader la personne humaine... » Passons sur les « peuples libres » : on ne voulait pas voir à l'époque qu'un peuple non libre pouvait contribuer à libérer des peuples asservis – c'est le cas de l'Union soviétique – tandis que des peuples libres pouvaient en maintenir d'autres sous leur joug sous forme de colonies. L'essentiel, c'est le mot « régimes ». En 1919, on se serait déclaré victorieux d'un pays, d'une nation, d'un peuple. Les constituants de 1946 savaient deux choses : des milliers de

Français avaient directement ou indirectement servi Hitler, tandis que de très nombreux Allemands en avaient été victimes. Les camps de concentration avaient certes été créés par des Allemands, mais pour des Allemands dont des milliers étaient morts ou avaient souffert avant l'arrivée des premiers déportés étrangers. De ce constat naissait l'idée d'une coresponsabilité pour l'avenir de la démocratie libérale en Allemagne – et pas seulement en Allemagne. C'est sous le même signe qu'un Français, un Allemand et un Italien créèrent après la guerre le premier mouvement fédéraliste européen. Henri Frenay avait été chef du mouvement de Résistance Combat, Eugen Kogon avait souffert pendant de longues années à Buchenwald, Altiero Spinelli sortait des prisons de Mussolini (et devait être, en 1984, au Parlement de Strasbourg, l'initiateur de ce qui allait devenir l'Acte unique européen). Dans cette perspective, ce n'est pas à Verdun qu'il eût fallu célébrer la nouvelle qualité des relations franco-allemandes, mais à Buchenwald ou à Dachau, car la guerre de 1914-1918, elle, avait été nationale et non portée par la lutte contre le totalitarisme conquérant.

La tragédie effroyable qui ensanglante l'ancienne Yougoslavie, ainsi que les interventions des Nations unies au Cambodge ou en Somalie, ont montré que deux leçons fort différentes pouvaient être tirées du passé. Pour la majorité des sociaux-démocrates, pour la gauche intellectuelle et nombre de jeunes sans appartenance particulière, les Allemands ont le devoir de ne plus jamais recourir aux armes. Le choc de 1950

Source : Partie d'une carte de Martin Gilbert
in Atlas de la Shoah, édition de l'Aube/Samuelson, 1982.

Vers Auschwitz.

continue à avoir des répercussions : les vainqueurs avaient dit au vaincu que nazisme et militarisme étaient équivalents, qu'un démocrate allemand se reconnaîtrait à ce qu'il refuserait de porter des armes ; soudain, alors que l'escrime et le vol à voile étaient encore interdits, car considérés comme « militaristes », il fallait se laisser réarmer et le refus se trouvait assimilé au rejet de la défense de la démocratie. Le non d'aujourd'hui a une source fort honorable, mais depuis nombre d'années déjà l'évocation du passé est plus un prétexte qu'un motif : au nom du refus des armes, on rejette toute prise de responsabilité allemande dès lors qu'elle comporte un risque sanglant.

Klaus Kinkel, ministre des Affaires étrangères, a clairement exposé dans deux discours, en septembre et octobre 1992, qu'une conception inverse était au moins aussi honorable : la mémoire de l'horreur nationale-socialiste doit conduire à se sentir coresponsable pour empêcher, pour prévenir un peu partout dans le monde, la violation des principes au nom desquels on condamne Hitler.

Mais l'affrontement sur la présence « au-dehors » de soldats allemands n'est qu'un aspect des débats récents portant sur la façon d'assumer le passé. La revendication d'une « normalisation » est ambiguë et multiple. Rien de plus compréhensible en soi que le désir, un demi-siècle après la chute du régime hitlérien, de voir l'Allemagne regardée et traitée en tant que pays « normal », soumis à la critique pour des comportements présents, et non plus constamment jugée en fonction de comportements passés. Voici longtemps déjà, il fallait faire observer en Israël que l'évocation d'Auschwitz ne devait pas servir à exiger du gouvernement allemand qu'il soutînt inconditionnellement la politique israélienne.

Rien de plus légitime non plus que la volonté d'étudier l'horreur avec la rigueur scientifique de l'historien, notamment par la comparaison. Le mot « incomparable » n'a guère de sens, puisque dire qu'un objet ou qu'un événement est incomparable, c'est sous-entendre que l'on a déjà comparé, pour conclure, qu'il est radicalement autre, dans l'excellence ou dans l'abomination. Mais comparer n'est pas nier – constatation sans grande portée, parce que la négation des exterminations est fort rare en Allemagne – ni rabaisser l'importance du fait mis en comparaison. Or, dans la nouvelle génération d'historiens universitaires, l'influence d'un courant réducteur va croissant : au nom de la scientificité, on étudiera sans émotion l'évolution de la société allemande sous Hitler, en négligeant, parce que trop « émotionnelle », la réflexion sur ce qui a pourtant fait la spécificité et la portée du « IIIe Reich », à savoir la volonté de guerre avec ses conséquences meurtrières et le racisme avec les morts par millions qu'il a entraînées.

Il y a aussi le rappel positif du racisme, de la xénophobie nazie en général. Même s'il est difficile de déterminer, dans la violence criminelle qui se traduit par des actes de plus en plus nombreux, quelle est la part de l'héritage direct par rapport à celle d'une vague transnationale, les attentats multiples contre immigrés ou demandeurs d'asile se font sous le signe de la main levée et de slogans qu'on pouvait croire disparus. Et le consentement, voire le soutien accordé par une partie de la population aux jeunes agresseurs montre la permanence d'une certaine Allemagne, certes minoritaire, mais nullement négligeable. Elle peut être qualifiée de *Stammtischdeutschland*, le *Stammtisch* étant la table de taverne autour de laquelle les mêmes habitués, en buvant leur bière, remâchent constamment les mêmes aigreurs, les mêmes rancœurs contre tous les « ils » – les politiques, les Turcs, les pays étrangers. Des aigreurs nées de l'autocommisération, de l'ignorance péremptoire et de toutes les insatisfactions professionnelles et familiales.

En même temps, face à la violence, quelle masse de phénomènes de rejet ! que d'actes de conciliation et de solidarité ! Malheureusement, les médias ne s'intéressent guère au positif, à l'encourageant. L'acte ponctuel négatif est plus intéressant pour eux. Un seul exemple, le témoignage du responsable des relations avec les étrangers de la petite ville de Hattingen. Pendant trente ans, des liens innombrables ont été créés entre autochtones et nouveaux arrivés – associations, clubs, activités communes de toutes sortes. Un petit paquet de coton arrosé d'essence, une allumette, et tout est détruit. La ville est montrée du doigt, ne serait-ce qu'à cause du silence passé de la télévision sur les initiatives créatrices. Les Turcs prennent peur et se replient dans l'attente de nouveaux attentats, tandis que les « autochtones » se replient dans la peur d'actions de vengeance...

La hargne et la grogne, le « tous pourris », l'emploi constant du « ils » mis en accusation ne constituent évidemment pas une particularité allemande. On le constate dès lors qu'on compare, dès lors qu'on est sensible aux similitudes – notamment entre société allemande et société française –, au lieu de se contenter de présenter les réalités allemandes comme autant de spécificités allemandes. En même temps, il faut sans cesse se demander quelles différences l'environnement national – fait de traditions, d'expériences communes, de structures politiques et économiques vécues en commun – génère lorsqu'il s'agit d'affronter des problèmes en principe identiques. Le chômage, par exemple, ou le martèlement des messages publicitaires. Ou encore la corruption en politique.

En Allemagne comme en France, on assiste à un mépris global grandissant pour les « politiciens », *die Politiker*. Et la méconnaissance de l'éminente noblesse du politique : le politique n'est-il pas, en effet, l'ensemble des finalités et des moyens que tente de se donner une société organisée pour chercher à maîtriser son avenir collectif ? Des différences apparaissent si l'on compare tel ou tel secteur des deux sociétés. Ainsi, la participation effective des citoyens à la vie politique locale est plus réelle, plus intense en Allemagne, en même temps que la condamnation globale du système politique y est bien plus fréquente chez les intellectuels de gauche.

Ici, il faut de nouveau faire appel au passé. Après 1945, on espérait construire un régime, instaurer une société qui seraient vraiment le contraire du totalitarisme venant de s'effondrer. De cet espoir, inévitablement déçu, est née une attitude peu présente dans les autres démocraties libérales : on comparait la réalité non au possible mais à la perfection rêvée. Peu de Français, d'Américains, d'Anglais s'imaginent que leur démocratie pourrait être parfaite. La sévérité de leurs jugements n'exclut pas le sens du relatif. La démocratie de Bonn, elle, malgré un fonctionnement dans l'ensemble harmonieux, malgré son arrière-plan de prospérité et ses mécanismes sans cesse perfectionnés de protection sociale, n'a cessé d'être traitée avec mépris par nombre de ses intellectuels : ses imperfections prouvaient sa médiocrité et sa radicale insuffisance par rapport à ce que devait être la démocratie. Ce mépris a pu avoir deux répercussions néfastes : chez ceux qui l'éprouvaient, la tentation permanente d'une indulgence excessive à l'égard de l'autre État allemand, celui où la démocratie se trouvait pleinement bafouée ; chez ceux qui écoutaient écrivains, professeurs ou journalistes, l'aveuglement intense pour les aspects les plus positifs du *Rechtsstaat*, de l'État de droit édifié en Allemagne occidentale.

Pourtant, l'une des spécificités de la République fédérale d'Allemagne est bel et bien d'avoir placé les principes des droits et des libertés à la base des institutions politiques. En France, le débat sur la nature contraignante du préambule de la Constitution de 1946 n'est toujours pas clos. L'article 1er de la Loi fondamentale, lui, proclame : « Les droits fondamentaux énoncés ci-après lient les pouvoirs législatif, exécutif et judiciaire à titre de droit directement applicable. » Il est vrai qu'en mai 1993 une modification constitutionnelle a touché à l'un de ces droits. Le dernier alinéa de l'article 16 – à savoir : « Les persécutés politiques jouissent du droit d'asile » – s'est vu ajouter quatre alinéas interminables précisant et, en fait, restreignant l'exercice de ce droit, exactement dans le même sens que la modification constitutionnelle française intervenue cinq mois plus tard.

La révision a été effectuée à Paris pour répondre à une décision du Conseil constitutionnel opposant les exigences du préambule à une loi votée par le Parlement, contrairement à la tradition française qui faisait du législateur le maître de la norme. Le Tribunal constitutionnel fédéral de Karlsruhe, lui, n'a jamais vu contester son droit de censurer une loi au nom des principes de morale politique énoncés dans la Loi fondamentale. Ses jugements sont certes soumis à la critique la plus vive, et la crainte que ses interventions ne finissent par créer un « gouvernement des juges » est aussi fortement exprimée en Allemagne qu'en France ou aux États-Unis. Et, comme en France, la minorité parlementaire voit trop volontiers en lui une instance d'appel contre la majorité. Mais l'existence même du Tribunal est bien le signe que les libertés ne sont pas à la merci du vote émis par une assemblée à majorité autoritaire ou résignée à l'autoritarisme – comme ce fut le cas le 23 mars 1933. Dans cette perspective, pourquoi n'aurait-on pas la possibilité de lui soumettre des lois déjà en vigueur, dès lors qu'il existe un doute sérieux sur leur compatibilité avec les principes ? Pas plus qu'aux États-Unis, on ne comprend en Allemagne le système français qui soustrait au Conseil constitutionnel toute loi dès lors qu'elle a été promulguée.

Il n'est pas toujours aisé de préciser le lien entre les normes et les faits, on a pu s'en rendre compte en 1993 à propos de deux jugements du Tribunal constitutionnel. Le vécu des femmes de l'ancienne RDA lui a largement échappé dans son long jugement annulant la nouvelle loi sur l'avortement : en imposant une

« consultation » obligatoirement dissuasive sans analyser quelles mesures d'accompagnement pourraient atténuer les refus nés du chômage ou de la fermeture des crèches, les juges, tous Allemands de l'Ouest, ont fait preuve d'incompréhension pour leurs nouvelles citoyennes. Quant à la décision de ne pas déclarer inconstitutionnel le traité de Maastricht, elle a été accompagnée de longs considérants montrant que la marge entre respect de l'État de droit et juridisme est parfois étroite : à force de vouloir à tout prix appliquer à la Communauté européenne des concepts préexistants (elle n'est pas une Confédération ; elle n'est pas un État fédéral ; elle n'est pas...), ils ont omis de s'interroger sur la nature spécifique de cette Communauté, avec ses souverainetés maintenues au milieu de règles communes, d'interactions et d'interconnexions organisées qui transgressent déjà largement le respect de ces souverainetés.

Le Tribunal a également pour charge de faire respecter les principes du fédéralisme interne de l'État allemand. A de multiples reprises, il a ainsi été amené à rappeler qu'en matière de radiotélévision il n'existe pas de pouvoir fédéral et que seuls les Länder ont compétence pour légiférer. Encore ont-ils le devoir de le faire dans le respect du droit constitutionnel à l'information pluraliste, ce qui leur impose non plus le monopole de la radiotélévision de service public, mais la défense de l'existence de cette dernière : les Länder ont obligation de renflouer les organismes de droit public si ceux-ci sont menacés de faillite.

Le fédéralisme allemand n'implique aucune menace de décomposition de l'État national. La Bavière n'est ni la Catalogne ni la Flandre. L'éclatement ou la paralysie menacent l'Espagne et la Belgique, pas l'Allemagne. Mais, malgré la décentralisation et la régionalisation intervenues en France, les visiteurs français ont du mal à comprendre la nature et l'extension du fédéralisme allemand, avec ses tensions et ses contradictions. Que l'éducation ne soit pas nationale, qu'il y ait autant de systèmes scolaires que de Länder, quel étonnement ! Mais qu'est donc devenu le goût d'autonomie des Länder face à Bonn lorsqu'il s'est agi, en 1991, d'inclure les nouveaux arrivants dans la péréquation des ressources qui auraient évidemment abouti à des transferts financiers massifs vers la Saxe ou le Brandebourg ? Il est vrai que, trente ans plus tôt, la nation française non fédérale n'avait pas non plus fait preuve d'un sens aigu de la solidarité face à ses membres affluant d'une Algérie devenue indépendante...

En principe, les Länder n'ont aucun pouvoir en matière internationale. Mais qu'en est-il si, au nom de l'unification progressive de l'Europe, le gouvernement fédéral et le Bundestag (l'Assemblée nationale) se mettent à transférer vers cette Europe des compétences qui appartiennent aux Länder ? Suffit-il de laisser la Chambre des Länder, le Bundesrat, donner ou refuser son aval ? Les Länder ont estimé qu'il fallait aller plus loin. Le nouvel article 23 de la Loi fondamentale comporte deux volets. Dans la perspective du traité de Maastricht, il permet assurément des transferts de compétence et assure l'insertion de la République fédérale élargie dans la Communauté européenne. Mais il donne aussi de nouveaux pouvoirs aux Länder : dès qu'un transfert les concerne directement, ce n'est plus au gouvernement de Bonn de négocier à Bruxelles, mais au porte-parole d'une commission *ad hoc* réunissant les seize Länder. Garantie démocratique ou blocage assuré ? L'avenir nous le dira !

Démocratie et crise économique

Les partis et leur image

Les nouveaux Länder ont été créés en 1990 dans la RDA en voie de disparition. Pourtant, le vote décisif, celui qui a exprimé la volonté populaire de l'unification, donnait mandat non aux Länder mais aux partis. En accordant une préférence massive aux formations de l'ancienne République fédérale et en négligeant les « autochtones », qu'ils fussent issus de l'ancien régime ou nés de la révolte contre celui-ci, les nouveaux citoyens ont montré qu'ils entendaient être insérés dans la démocratie et la prospérité occidentales par les partis ayant jusqu'alors incarné cette démocratie et cette prospérité. Pour la prospérité, la déception fut aussi démesurée que l'avait été la confiance initiale.

Il était normal de considérer que les partis politiques étaient placés au cœur du pouvoir démocratique, qu'ils en assumaient la légitimité : les constituants de 1948-1949 l'avaient bien voulu ainsi. Face à la disparition du pluralisme, en 1933, par l'instauration du parti unique, il convenait en 1949 de faire reposer la démocratie sur la pluralité des partis. Non en leur accordant une sorte de monopole collectif de la représentation, mais en disant tout de même, dans l'article 21 de la Loi fondamentale, qu'ils concouraient « à la formation et à l'expression de la volonté politique », alors qu'en 1958 l'article 4 de la Constitution française, pourtant inspiré de l'article 21, allait simplement charger les partis de concourir à « l'expression du suffrage ». En 1967, l'article 1er de la loi sur les partis devait, en Allemagne, aller beaucoup plus loin. Ils recevaient la charge d'influencer l'évolution politique au sein du Parlement et du gouvernement et d'introduire « les buts politiques qu'ils auraient élaborés dans le processus de formation de la volonté étatique ».

Les partis n'ont-ils pas abusé de leur situation privilégiée pour établir le règne des copains et des coquins ? La *Parteienverdrossenheit* (terme noble à traduire tout de même par « ras-le-bol ») est-elle vraiment plus forte en Allemagne qu'en France, une fois admis que le rejet italien est d'une intensité particulière ? L'abstentionnisme allemand est en forte montée, sans pour autant atteindre le niveau français. La dénonciation de la corruption est devenue pratique courante des médias, au point qu'on traite déjà de corrompu l'homme politique dont les faiblesses entraîneraient en France tout au plus une légère égratignure dans *Le Canard enchaîné*.

Le reproche que l'on fait aux partis et aux hommes politiques de profiter du pouvoir ne constitue cependant que l'un des éléments de leur impopularité. Les trois formations qui ont si longtemps rassemblé l'immense majorité des votes ont connu et connaissent le discrédit pour des raisons diverses. Le parti libéral FDP, à cause même de ce qui lui a toujours si bien profité, à savoir sa place charnière : incertain de doctrine, toujours potentiellement infidèle à son grand allié du moment, en même temps que superflu s'il se veut pleinement fidèle, il a perdu l'essentiel de son prestige avec le départ de Hans Dietrich Genscher, ministre des Affaires étrangères pendant dix-huit ans et triomphateur permanent dans les sondages de popularité.

L'Union chrétienne-démocrate souffre de passer purement et simplement pour le parti du chancelier au moment où celui-ci a reperdu la popularité que lui avait rendue sa façon volontariste de hâter l'unification. Il est vrai que, plus encore que Konrad Adenauer, il a voulu faire de la CDU un instrument unifié à sa disposition, alors que son prédécesseur, Helmut Schmidt, était tombé moins sous les coups des partis adverses qu'à cause des luttes au sein de son propre parti, le SPD. De telles luttes avaient si peu cessé en 1993 que la désunion était le facteur principal de l'impopularité des sociaux-démocrates. Le prestige naissant du nouveau chef du SPD, Rudolf Scharping, devenu en même temps candidat au pouvoir à Bonn, est dû pour une large part au style nouveau qu'il tend à introduire. Malgré les différences dans l'origine, les idées, le contenu des politiques pratiquées ou préconisées, la ressemblance du style de Rudolf Scharping avec celui d'Édouard Balladur est frappante : « Je n'ai pas de solution facile à proposer, mais je fais de mon mieux pour le mieux. Et parce que je m'attache au difficile fond des choses, je n'ai pas le temps de polémiquer, de mener des guerres de chefs. » Il est possible que les citoyens, revenus à la fois des « il n'y a qu'à... » et des luttes personnelles spectaculaires, prennent goût à la retenue du langage, en attendant de pouvoir juger des résultats de l'action annoncée.

Une crise semblable ou différente ?

Il faut en effet une action : les mécanismes spontanés du marché ne sauraient suffire, surtout face à la crise. Une crise qui est évidemment commune à l'Allemagne et aux autres pays d'Europe occidentale, mais qui vient s'ajouter aux problèmes spécifiques nés de l'unification. En même temps, le poids de cette unification a servi de révélateur et d'accélérateur de la crise transnationale.

Le sentiment de triomphe que l'effondrement des régimes communistes a fait naître chez nombre d'Occidentaux a rapidement fait place à l'inquiétude et au malaise. C'est au nom de la dignité égale de tous les hommes que nous nous sommes opposés à l'oppression. Mais les atteintes à cette dignité ne sont pas seulement l'arbitraire et le refus des libertés. Dans les « restructurations » industrielles qui se traduisent en général par un accroissement du chômage, on a recours à une expression dont la charge de mépris est encore plus grande en allemand qu'en français. « Dégraisser », *abspecken*, c'est dire dans les deux pays à des dizaines de milliers de femmes et d'hommes que, au cours de longues années de leur vie, ils n'ont été que de la graisse, que du lard inutile. Mettre à l'écart de l'activité créatrice les préretraités (ici encore, l'expression allemande *Frührentner* – retraité précoce – est plus contestable), ce n'est pas les traiter avec beaucoup de respect humain.

Le problème annexe est la charge supplémentaire à imposer aux actifs qui sont de moins en moins nombreux, par suite du chômage, et plus encore comme résultat de l'évolution démographique caractérisée par une natalité en baisse et une longévité accrue. Le phénomène est général en Europe, mais le refus allemand de s'interroger sérieusement sur l'avenir de la société vieillie est plus net, plus brutal qu'en France. Certes, le taux de fécondité dans les nouveaux Länder remontera sans doute un peu, après avoir chuté à environ 0,8 % en 1993, puisque nombre de femmes ont simplement reculé le moment de la maternité. Certes, les taux italien et espagnol sont encore inférieurs à celui de l'ancienne République fédérale, mais le désir de ne pas avoir d'enfants semble plus répandu et plus ouvertement manifesté en Allemagne qu'ailleurs. Pourtant, le chômage des jeunes y est moins sévère, non pas à cause du nombre décroissant de jeunes, mais en raison d'un meilleur système de formation. Pour comparer avec la France, il ne faudrait pas se contenter ici d'exa-

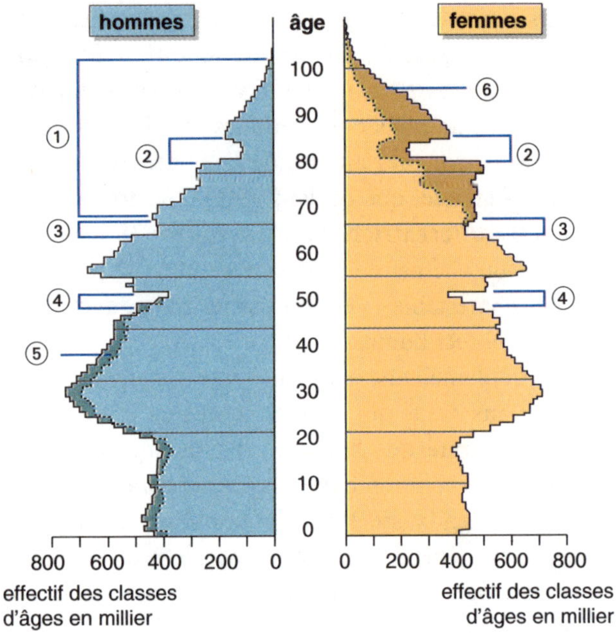

① pertes dues à la Seconde Guerre mondiale (1939-1945)
② déficit des naissances dû à la Première Guerre mondiale (1914-1918)
③ déficit des naissances pendant la crise économique de 1932
④ déficit des naissances à la fin de la Seconde Guerre mondiale
⑤ excédent de population masculine
⑥ excédent de population féminine

La population allemande vieillit.
Pyramide des âges au 1er janvier 1992.

Le renouvellement de la population n'est pas assuré. Comment financera-t-on les retraites à l'avenir ?

miner les méthodes allemandes pour l'apprentissage et pour la formation technique. Il faudrait également s'interroger sur les méfaits du système français des grandes écoles : en Allemagne, la montée individuelle en responsabilités, autorité et prestige n'est pas bloquée par la barrière créée à la sortie, déjà même à l'entrée des classes préparatoires, entre ceux qui, toute leur vie, feront partie de l'élite et ceux qui, sauf exception, n'y accéderont jamais.

Il semble que le clivage entre «haut» et «bas» de la société française, avec l'ignorance et le mépris implicite du «haut» à l'égard du «bas», soit aujourd'hui moins net, moins perceptible, moins générateur d'amertumes et de découragements que le clivage qui continue *de facto* à diviser l'Allemagne juridiquement et institutionnellement réunifiée. Économiquement, socialement, psychologiquement, il existe encore deux Allemagnes. Il existe même encore deux Berlin.

En 1989-1990, il y eut des craintes françaises : Berlin capitale au lieu de Bonn, ne serait-ce pas la marque d'un changement de dimension et aussi d'un changement de vision de l'Allemagne dans le champ international ? Or, même si le nombre d'Allemands se plaçant dans cette perspective n'est pas négligeable, la querelle allemande sur Berlin relègue à l'arrière-plan cette problématique-là. Si le transfert réel des instances gouvernementales tarde tant, au point de paraître improbable avant l'an 2000, ce n'est pas seulement que Bonn symbolise un système politique démocratique, en même temps qu'une Allemagne modeste et communautaire, c'est aussi qu'à Berlin la quiétude serait troublée par l'environnement réel d'une Allemagne mal réunifiée, par le heurt entre deux sociétés dont la fusion se fait plus lentement que prévu.

Les erreurs dans la gestion de l'unification ont été nombreuses. L'une des plus lourdes concerne la propriété privée. En Allemagne, il est bon de rappeler l'histoire du roi de France Louis XVIII : lorsqu'il monta sur le trône, en 1815, après la chute de Napoléon, il eut le courage de dire aux princes qui avaient été ses compagnons d'émigration : « L'indemnisation passe avant la restitution. » C'est à quoi allait servir le « milliard des émigrés ». La formule allemande fut : « La restitution passe avant l'indemnisation. » Mais que faire si l'expropriation avait concerné le même bien en 1933, en 1945, en 1952 ? Et fallait-il chasser les occupants de bonne foi ? Dans nombre de villes, plus de la moitié des terrains et immeubles étaient encore, en 1993, d'appartenance incertaine. Et l'idéalisation de la propriété privée a aussi dominé la tâche confiée à la *Treuhand* : l'agence fiduciaire (mais seul le mot allemand est utilisé en France) a été chargée de privatiser l'immense part de l'économie prise en main par l'État « socialiste ». Convenait-il d'« assainir » les entreprises à prix d'or (public) pour trouver acquéreur ?

La déception eût peut-être été moins grande s'il y avait eu d'emblée plus de franchise. Le taux de 1 DM = 1 Ostmark était peut-être politiquement nécessaire pour l'échange monétaire du 1er juillet 1990, mais pourquoi avoir laissé croire à l'ouvrier de l'Est qui gagnait 1 000 Ostmarks au moment où le taux de change réel était de 5 pour 1 qu'il allait gagner la même somme en Deutsche Mark ? Les produits fabriqués par son entreprise étaient déjà difficiles à vendre à des prix fondés sur les salaires antérieurs. Avec des salaires quintuplés, ils devenaient carrément invendables, l'entreprise faisait faillite et l'ouvrier touchait non le salaire annoncé, mais une allocation de chômage : des centaines de milliers de nouveaux citoyens ont vécu cette triste expérience.

Et, à l'automne de la même année, pourquoi avoir caché que l'Ouest devrait consentir à des sacrifices ? Dans une Allemagne encore hantée par la crainte que son valeureux Deutsche Mark pourrait se trouver absorbé, donc affaibli, par une monnaie européenne, il est bon d'indiquer que si cette monnaie avait existé en 1990 tout le monde s'en porterait mieux, puisque les autres pays auraient empêché le gouvernement allemand de prétendre payer la réunification uniquement par l'endettement de l'État – ce qui a entraîné des effets inflationnistes contraignant la Bundesbank à hausser les taux d'intérêt. Deux années ont été nécessaires pour qu'on accepte à Bonn une idée économique simple : si on abolit toute frontière entre un pays riche et un pays pauvre et si l'on empêche toute protection de son économie, la seule façon de sauver celle-ci du désastre est de transférer massivement des ressources publiques du fort vers le faible.

Le bilan provisoire n'en est pas tout noir pour autant. Les infrastructures – notamment les routes, les lignes de chemin de fer, l'électricité – ont été modernisées et même recréées à un rythme remarquable. Les villes commencent à surmonter le handicap de l'érosion provoqué par l'immobilisme du régime communiste. Et des milliers d'hommes et de femmes – gestionnaires, magistrats, professeurs, fonctionnaires – venus par libre choix de l'Ouest ont contribué à faire progresser le rattrapage. De plus, les aides publiques ont évité le pire – contrairement à ce qui s'est passé dans les autres pays de l'empire soviétique.

A Dresde, à Leipzig, à Cottbus, à Schwerin, il est nécessaire de critiquer une certaine autocommisération fondée sur la seule comparaison avec l'Ouest, alors que la comparaison avec l'Est devrait elle aussi être effectuée. Ne serait-ce qu'à cause du regard que l'on porte sur l'ex-RDA depuis Varsovie, Prague, Budapest. Avec une certaine amertume et une forte crainte. L'amertume : de tous les pays dominés par l'URSS, un seul est à peu près certain d'accéder à la prospérité occidentale et, en attendant, reçoit une aide substantielle pour survivre – ce pays est tout de même un héritier d'une autre Allemagne, celle de Hitler, et celui sans lequel il n'y aurait pas eu de troupes soviétiques à partir de 1945 en Pologne, en Hongrie, en Tchécoslovaquie. La crainte : « Si vous, Allemands, avec votre richesse, accrue de celle de la Communauté, vous réussissez l'occidentalisation économique de l'ex-RDA, cela ne prouverait pas que nous y parviendrions ; mais si, avec votre richesse, vous échouiez, nous n'avons plus qu'à désespérer ! »

L'amertume est renforcée par le constat de l'hypocrisie occidentale et tout particulièrement allemande. « Oh, comme nous allons soutenir les jeunes démocraties à l'Est ! dit-on à l'Ouest ; cela dit, chaque fois que ces pays prétendent exporter vers nous une tonne d'acier, une tonne de viande, nous nous efforçons d'empêcher qu'ils concurrencent nos producteurs ! » « Qu'en tout cas l'aide nous parvienne vite, répond-on à l'Est, non comme aumône, mais sous la forme d'investissements. Et si ce sont surtout des investissements allemands, qu'y pouvons-nous dès lors que les investissements français, anglais, italiens ne nous parviennent que parcimonieusement ? »

L'idée du « désir de puissance »

Est-ce là un appel à la puissance allemande, à une nouvelle puissance allemande, née du passage de soixante-cinq à quatre-vingts millions d'habitants ? Oui, dans la mesure où l'Allemagne aide fortement à mettre à niveau ingénieurs, chercheurs, gestionnaires, ce qui entraîne un renforcement constant de la langue allemande en Europe de l'Est. Non, si la présence est supposée exprimer une volonté de domination. Non, surtout, dès lors qu'on prend en compte deux contradictions, l'une particulière à la France, l'autre commune à la France et à l'Allemagne. Du côté français, la méfiance s'exprime facilement par des reproches opposés. On considère qu'à l'Est l'Allemagne revient au *Drang nach Osten* (poussée vers l'Est) dès lors qu'elle investit beaucoup, mais qu'elle montre un égoïsme scandaleux dès lors qu'elle investit plutôt dans l'ex-RDA. On est persuadé qu'à l'Ouest, si elle prétend faire progresser l'intégration communautaire, c'est pour mieux dominer la Communauté. Mais des Allemands en nombre croissant montrent-ils une opposition à tout progrès dans ce sens ? C'est que l'Allemagne renonce au masque communautaire parce qu'elle veut dominer en solitaire tout le continent !

Politiquement et économiquement, beaucoup plus significative et beaucoup plus difficile à surmonter est la contradiction commune. Elle vaut pour le Sud comme pour l'Est, pour l'Asie comme pour l'Europe orientale. Le développement des économies y crée, pour les pays de la Communauté, à la fois une concurrence et un marché pour nos produits, donc simultanément un frein et un moteur pour le développement de nos économies. Les États-Unis ont eu à affronter cette difficulté, lorsque, à partir de 1948, le plan Marshall leur a à la fois créé des débouchés et une concurrence sur le continent européen. Quand, du côté allemand, on fait grief à l'élite politique et intellectuelle française de ne voir que le volet « concurrence » et de ne pas partager avec l'Allemagne le souci des débouchés à élargir, a-t-on vraiment tort ?

En revanche, les dirigeants politiques et économiques allemands se refusent à examiner de façon critique leurs propres certitudes. On continue à se vouloir adepte d'un libéralisme pur et dur qui condamne, au nom des lois du marché, le volontarisme politique. Mais déjà, la doctrine demeure inappliquée dès lors qu'il s'agit d'agriculture. Si les prix agricoles devaient se former par les simples mécanismes du marché, les forces de l'ordre allemandes, comme les françaises, ne suffiraient pas pour protéger les palais gouvernementaux contre la colère des agriculteurs qui constatent l'effondrement de leurs ressources ! Et lorsque, en 1993, le ministre allemand de l'Économie entre en conflit avec le commissaire européen – de nationalité allemande – chargé de l'économie, c'est au nom de la protection d'une entreprise sidérurgique située à Eisenhüttenstadt, en Allemagne de l'Est, protection à assurer par des aides publiques. Ne convient-il pas de la sauver et de sauver ainsi des emplois, en renonçant pour ce faire au seul mécanisme du marché ? La tension franco-allemande permanente sur l'ouverture de la Communauté vers l'extérieur, avec ou sans l'expression d'un volontarisme collectif, s'alimente autant de l'illusion allemande du libéralisme pur que des craintes protectionnistes françaises.

De toute façon, l'attrait de l'Europe communautaire a considérablement faibli en Allemagne comme en France. En partie en raison d'une illusion commune : dans la crise, il serait plus facile de se sauver tout seul. Pourtant, les déchirements sociaux, nés entre autres du drame du chômage, sont pareillement lourds de menaces politiques. Une plaisanterie qui courait parmi les jeunes contestataires allemands risque de correspondre demain à la conviction de millions d'Allemands et de Français : « Qu'est-ce que le désordre et l'ordre ? Le désordre, c'est quand rien n'est à sa vraie place. L'ordre, c'est quand, à la vraie place, il n'y a rien ! »

Ce mouvement de reflux à l'égard de la Communauté – auquel Bonn a plus que Paris cherché à s'opposer, Helmut Kohl s'étant efforcé de faire accepter par François Mitterrand un renforcement du volet politique du traité de Maastricht – est aussi dû pour une part à un problème d'identité dans chacun des deux pays. En France, il y a réaction contre la découverte des limites de la puissance nationale. En Allemagne, la réunification a fait naître un débat compliqué autour de la question : « Qu'est-ce maintenant que l'Allemagne ? » Ce débat est compliqué, car les acteurs de la confrontation ne constituent nullement deux fronts unifiés, par exemple les nationalistes d'un côté, les « Européens » de l'autre.

A gauche comme à droite on perçoit en Allemagne le désir d'une indépendance affirmée, affichée, moins pour assurer une primauté que pour sortir de la tutelle qui aurait été imposée au vaincu depuis la guerre, et l'Europe communautaire sous direction politique française est alors perçue comme l'une des formes de cette tutelle. Mais les réflexes identitaires provoqués par la crise interne vécue dans l'autocommisération peuvent aussi prendre des formes nouvelles, en particulier dans les nouveaux Länder. Au lieu des amertumes nationalistes traditionnelles de l'extrême droite, la révolte pourrait s'exprimer, comme en Pologne, comme en Italie, par un repli vers les anciens communistes, supposés capables de mieux défendre les déshérités au sein de la nation, et cela au nom de la nation. D'autant plus que la question de l'unité nationale mal achevée – économiquement, socialement, psychologiquement – se pose aussi en termes nouveaux à propos des investissements de l'industrie ouest-allemande :

n'est-il pas plus intéressant pour elle de créer des entreprises en Hongrie ou en République tchèque puisque les salaires y sont nettement inférieurs à ceux atteints maintenant dans l'ex-RDA ?

A l'opposé, des millions d'Allemands, notamment dans les jeunes générations, continuent à vouloir que l'Allemagne soit une nation à part à cause de son désir de paix, à cause de son refus de participer à la violence internationale. La source morale de cette orientation ne doit pas être confondue avec un quelconque égoïsme, avec une vaste indifférence aux problèmes du monde présent. C'est elle, en effet, qui alimente les attitudes altruistes de tant de milliers d'objecteurs de conscience accomplissant leur service civil dans les conditions les plus pénibles, par exemple comme infirmiers dans les hôpitaux psychiatriques ou dans les hospices de vieillards les plus déshérités.

Il n'empêche qu'ils encourent le reproche justifié d'ignorer l'obligation, pour un pays aussi lourd de ressources humaines et matérielles que l'Allemagne, d'assumer une coresponsabilité dans la marche cahotante, souvent dramatique, de ce qu'on appelle par euphémisme la communauté des nations. Mais comment distinguer, parmi leurs compatriotes qui expriment ce reproche, ceux qui souhaitent voir leur pays assumer des responsabilités et ceux qui veulent simplement que l'Allemagne parle fort ?

Au moins autant qu'au lendemain de la guerre, l'issue des affrontements entre Allemands dépend pour une part non négligeable des attitudes des autres pays à l'égard de l'Allemagne, notamment des pays partenaires, en particulier de la France : celle-ci n'est pas seulement le premier fournisseur et le premier client commercial de la République fédérale d'Allemagne. Elle est interconnectée avec l'Allemagne par mille liens établis dès les premières rencontres franco-allemandes, renforcés à partir de 1950 par la politique européenne, multipliés encore à partir de 1963 par la mise en œuvre du traité de l'Élysée conclu entre de Gaulle et Adenauer. Ces liens – entre administrations, municipalités, universités, etc. – permettent moins encore qu'à la fin des années 40 de prendre à l'égard de l'autre pays une simple attitude d'observateur – encore moins de voyeur malveillant guettant sans cesse d'éventuels dérapages.

En France, il convient de répéter plus que jamais la réponse à donner depuis des décennies à la question sans cesse renaissante : « Faut-il avoir peur de l'Allemagne ? » Peur de l'Allemagne ? Sûrement pas, d'autant plus qu'il s'agit d'un appel à l'irrationnel. Des craintes pour l'avenir de l'Allemagne ? Toujours. A deux conditions : qu'on manifeste ces craintes en commun avec ceux des Allemands qui éprouvent les mêmes, et qu'on leur reconnaisse le droit d'éprouver avec nous des craintes pour l'avenir de la France.

Annexes

Article 48 de la Constitution de la république de Weimar (1919)

Lorsqu'un Land n'assume pas les devoirs qui lui incombent selon la Constitution ou les lois du Reich, le président du Reich peut l'y contraindre à l'aide de la force armée.
Dans le cas de troubles ou de menace de la sécurité et de l'ordre publics, le président du Reich peut prendre les mesures nécessaires pour rétablir la sécurité et l'ordre publics, et peut, si besoin est, intervenir à l'aide de la force armée. Il est autorisé pour cela à suspendre transitoirement tout ou partie des droits fondamentaux fixés dans les articles 114, 115, 117, 118, 123, 124 et 153*.
Le président du Reich doit informer immédiatement le Reichstag de toutes les mesures prises en vertu des alinéas 1 et 2 de cet article. Ces mesures doivent être suspendues à la demande du Reichstag.
En cas de péril, un gouvernement de Land peut prendre, pour son territoire, des mesures provisoires de la nature exposée dans l'alinéa 2. Ces mesures doivent être suspendues à la demande du président du Reich ou du Reichstag.

* *Concernent les droits de la liberté de la personne, de l'inviolabilité du domicile, du secret postal, le droit d'expression, de réunion, d'association et de propriété.*

Loi des pleins pouvoirs
(votée par le Reichstag le 23 mars 1933)

Article 1er : le gouvernement peut lui aussi légiférer en dehors de la procédure prévue dans la Constitution. Cela s'applique également aux lois désignées par les articles 85, alinéa 2, et 87 de la Constitution *.

Article 2 : les lois promulguées par le gouvernement peuvent s'écarter de la Constitution tant qu'elles n'ont pas pour objet l'existence du Reichstag et du Reichsrat. Les droits du président du Reich restent inchangés.

Article 3 : les lois promulguées par le gouvernement sont élaborées et publiées par le chancelier du Reich. En l'absence de toute autre disposition, elles entrent en vigueur le lendemain de leur publication. Les articles 68 à 77 de la Constitution ** ne s'appliquent pas aux lois promulguées par le gouvernement.

Article 4 : pendant la durée d'application de ces lois, l'approbation des organes participant à la législation n'est pas nécessaire pour les traités conclus avec des pays étrangers, dont l'objet est normalement concerné par la législation du Reich. Le gouvernement publie les instructions nécessaires à l'application de ces traités.

Article 5 : cette loi entre en vigueur le jour de sa publication. Elle s'applique jusqu'au 1er avril 1937 et, en outre, lorsque le gouvernement actuel la remplace par une autre...

* *Concernent le budget et l'endettement de l'État.*
** *Concernent les pouvoirs du Reichstag et du Reichsrat et la procédure législative de la République.*

Loi fondamentale de la République fédérale d'Allemagne

Préambule de 1949

Conscient de sa responsabilité devant Dieu et devant les hommes, animé de la volonté de préserver son unité nationale et de servir la paix du monde en qualité de membre égal en droits dans une Europe unie, le peuple allemand dans les Länder de Bade, Bavière, Brême, Hambourg, Hesse, Basse-Saxe, Rhénanie du Nord-Westphalie, Rhénanie-Palatinat, Schleswig-Holstein, Bade-Wurtemberg et Wurtemberg-Hohenzollern, s'est donné la présente Loi fondamentale en vertu de son pouvoir constituant, afin de réorganiser la vie publique pour une période transitoire.
Il a également agi pour les Allemands qui ne furent pas autorisés à collaborer à cette œuvre. Le peuple allemand tout entier est appelé à parachever l'unité et la liberté de l'Allemagne par une libre autodétermination.

Nouveau préambule de 1990

Conscient de sa responsabilité devant Dieu et devant les hommes, animé de la volonté de servir la paix du monde en qualité de membre égal en droits dans une Europe unie, le peuple allemand s'est donné la présente Loi fondamentale en vertu de son pouvoir constituant.
Les Allemands dans les Länder de Bade-Wurtemberg, Bavière, Berlin, Brandebourg, Brême, Hambourg, Hesse, Mecklembourg-Poméranie occidentale, Basse-Saxe, Rhénanie du Nord-

Westphalie, Rhénanie-Palatinat, Sarre, Saxe, Saxe-Anhalt, Schleswig-Holstein et Thuringe, ont parachevé l'unité et la liberté de l'Allemagne par une libre autodétermination.
La présente Loi fondamentale vaut ainsi pour le peuple allemand tout entier.

Présidents et chanceliers

Présidents de la République	Chanceliers
1949-1959 : Theodor Heuss (FDP)	1949-1963 : Konrad Adenauer (CDU)
1959-1969 : Heinrich Lübke (CDU)	1963-1966 : Ludwig Erhard (CDU)
1969-1974 : Gustav Heinemann (SPD)	1966-1969 : Kurt Georg Kiesinger (CDU)
1974-1979 : Walter Scheel (FDP)	1969-1974 : Willy Brandt (SPD)
1979-1984 : Karl Carstens (CDU)	1974-1982 : Helmut Schmidt (SPD)
1984-1994 : Richard von Weizsäcker (CDU)	1982- : Helmut Kohl (CDU)

Coalitions gouvernementales

Adenauer (CDU)
1949-1953 : CDU/CSU + FDP + DP
1953-1957 : CDU/CSU + FDP + DP (+ BHE)
1957-1961 : CDU/CSU (+ DP, devient CDU en 1960)
1961-1962 : CDU/CSU + FDP
1962-1963 : CDU/CSU + FDP

Erhard (CDU)
1963-1965 : CDU/CSU + FDP
1965-1966 : CDU/CSU + FDP

Kiesinger (CDU)
1966-1969 : CDU/CSU + SPD
(grande coalition)

Brandt (SPD)
1969-1972 : SPD + FDP
1972-1974 : SPD + FDP

Schmidt (SPD)
1974-1976 : SPD + FDP
1976-1980 : SPD + FDP
1980-1982 : SPD + FDP

Kohl (CDU)
1982-1983 : CDU/CSU + FDP
1983-1987 : CDU/CSU + FDP
1987-1991 : CDU/CSU + FDP
1991-1994 : CDU/CSU + FDP

Glossaire

Article 23 de la Constitution (Loi fondamentale) : prévoyait jusqu'en 1990 l'adhésion « d'autres parties de l'Allemagne » qui demanderaient démocratiquement leur rattachement à la République fédérale. C'est en vertu de cet article que les cinq Länder de la RDA sont entrés dans la République fédérale. Depuis 1992, un nouvel article 23 prévoit les transferts de compétences à l'Union européenne.

Bund : fédération. C'est un État qui partage les pouvoirs législatif, exécutif et judiciaire avec les États qui le composent (Länder). Sa compétence législative est exclusive pour un certain nombre de domaines tels la défense, les affaires étrangères, la monnaie, les poids et mesures, la poste, les chemins de fer, la douane, la nationalité.

Bundesrat : seconde Chambre (ou assemblée) fédérale qui légifère avec le Bundestag. Le Bundesrat représente les Länder au niveau fédéral. Il est composé de représentants des gouvernements des Länder, formés sur la base de la majorité de leur assemblée régionale (Landtag). Chaque Land dispose, selon sa population, de 3 à 5 voix (de 3 à 6 voix depuis la réunification).

Bundestag : assemblée fédérale élue pour quatre ans au suffrage universel, légifère, avec prééminence, avec le Bundesrat. La moitié des députés est élue au scrutin majoritaire uninominal, l'autre moitié au scrutin proportionnel de liste. Malgré l'apparence (la moitié de...), le mode de scrutin respecte la répartition proportionnelle.

Bundeswehr : armée fédérale allemande créée en mai 1955.

Chancellerie : bureaux et services du chef du gouvernement fédéral (chancelier).

Complot du 20 juillet 1944 : tentative d'assassinat contre Hitler, préparée par des militaires dans le but d'écarter le tyran et les nazis du pouvoir. Le Führer ne fut que légèrement blessé. Les membres de la conspiration et leurs proches furent soit fusillés sur place, soit arrêtés, torturés, exécutés après des simulacres de procès. Le nombre des victimes de la répression se compta par milliers. Mais ce complot n'a représenté qu'un aspect de la résistance allemande à Hitler à partir de 1933.

Congrès de Vienne : congrès réuni à Vienne de septembre 1814 à juin 1815 afin d'établir une paix durable en Europe après les guerres napoléoniennes et de refaire la carte politique de l'Europe. L'ordre d'Ancien Régime fut rétabli dans les États allemands.

Corps francs : troupes ne faisant pas partie des unités combattantes régulières, et composées, dans le cas des guerres de libération au début du XIXe siècle, de civils volontaires.

Deutsche Burschenschaft : fédération de corporations d'étudiants fondée en 1815 et étendue en 1818 à quatorze universités allemandes. L'aspiration commune de ces étudiants était de réaliser l'unité de la nation allemande dans la liberté.

17 juin 1953 : insurrection qui éclata dans les grandes villes de RDA et notamment à Berlin-Est, en réaction à la décision gouvernementale d'élever les normes de production. Les manifestants réclamèrent des élections libres et la fin de la suprématie du SED. Cette révolte, écrasée par l'intervention de chars soviétiques, fut interprétée à l'Ouest comme l'expression du désir de réunification de l'Allemagne dans la liberté.

Droits fondamentaux : droits de l'homme considérés depuis la fin du XVIIIe siècle comme les droits naturels intangibles de l'individu : état de droit, égalité, droit au respect de la personne humaine, liberté de conscience, d'expression, de réunion, etc.

Empire austro-hongrois : monarchie danubienne, confédération d'États englobant les royaumes d'Autriche, de Bohême et de Hongrie et regroupant la totalité des actuelles républiques autrichienne, tchèque, slovaque, hongroise ainsi que des parties de la Pologne, de la Roumanie, de la Yougoslavie et de l'Italie. Empire démembré en 1919 par le traité de Saint-Germain.

État-nation : État dont l'autorité s'étend sur l'ensemble d'un peuple constituant une nation (voir ce mot) et rassemblé sur un territoire déterminé.

Fédéralisme : système politique dans lequel les organes institutionnels centraux d'un État partagent avec les gouvernements des collectivités qui forment cet État les différentes compétences constitutionnelles (législation, administration et juridiction).

Habsbourg : dynastie qui régna sur l'Autriche de 1278 à 1918. De nombreux empereurs allemands furent choisis dans la famille jusqu'à la fin du Saint Empire en 1806.

Länder : pluriel de Land qui signifie littéralement « pays ». Les Länder sont des États jouissant d'une relative autonomie et formant ensemble un État fédéral *(Bund)* auquel ils délèguent certaines de leurs compétences. Ils possèdent des organes de pouvoir législatif (assemblée), exécutif (gouvernement et administration) et judiciaire (tribunaux). L'Allemagne réunifiée se compose de seize Länder.

Loi fondamentale : Constitution (datant du 23 mai 1949), en principe provisoire, de la République fédérale d'Allemagne.

Nation : groupe humain qui se caractérise par la conscience de son unité, par une histoire, une culture, des valeurs communes et la volonté de vivre en commun ; ensemble des individus qui composent ce groupe.

Parti national-socialiste : NSDAP *(Nationalsozialistische Deutsche Arbeiterpartei)*, parti d'Adolf Hitler fondé en 1920 et issu d'un petit parti « ouvrier allemand », lui-même fondé en 1919. Deviendra le parti unique pendant l'été 1933.

Parti social-démocrate : SPD *(Sozialdemokratische Partei Deutschlands)*, le plus ancien parti de l'Allemagne actuelle, fondé en 1875 par l'unification des deux partis socialistes issus de la révolution de 1848.

Paulskirche : nom de l'assemblée qui siégea en 1848-1849 dans l'église du même nom à Francfort-sur-le-Main et qui tenta d'unifier l'Allemagne et de lui donner une Constitution libérale.

Plan Marshall : programme d'aide américaine aux pays européens (1947) visant à financer le rétablissement de leurs économies après la Seconde Guerre mondiale. Du nom de son concepteur, le général George Marshall, secrétaire d'État du président Truman. Entre 1948 et 1952, l'Allemagne reçut 1,5 milliard de dollars (la Grande-Bretagne 3,2 milliards, la France 2,7 milliards et l'Italie 1,5 milliard de dollars).

Reichstag : assemblée fédérale de l'Empire. Terme employé dès le Moyen Age. Nom de l'assemblée fédérale dans l'Empire de 1871 et sous la république de Weimar.

Saint Empire romain germanique : Empire romain restauré par Othon Ier en 962 et détruit par Napoléon Ier en 1806. Sa dénomination exacte est Empire romain à partir de 1034, Saint Empire à partir de 1254. L'adjonction de « germanique », littéralement « de nation allemande » *(Deutscher Nation)* remonte au XVe siècle.

Scholl (Hans et Sophie) : étudiants (frère et sœur) de vingt-quatre et vingt-deux ans, condamnés à mort le 22 février 1943 avec leur camarade Christoph Probst pour avoir distribué des tracts dénonçant la barbarie nazie. Ils formaient le groupe la Rose blanche *(Weisse Rose)* et appelaient à la résistance passive. Devant ses juges, Sophie Scholl répéta calmement : « Il fallait bien que quelqu'un commence. »

SED : initiales de *Sozialistische Einheitspartei Deutschlands.* « Parti socialiste unifié d'Allemagne », en RDA, issu de la fusion contrainte du parti social-démocrate et du parti communiste en 1946. Il domina l'État est-allemand pendant quarante ans, jusqu'à l'hiver 1989-1990.

Stasi : abréviation de *Ministerium für Staatssicherheit* (ministère de la Sécurité d'État). Il s'agit de la police de sécurité de la RDA, qui s'occupa, à l'aide d'un fichier monumental, de surveiller la population.

Titisme : politique du chef de l'État communiste yougoslave, le maréchal Tito, caractérisée par le choix de voies spécifiques pour avancer vers le socialisme, ce qui entraîna la rupture, en 1948, avec Staline, qui accusait la Yougoslavie de révisionnisme.

Traité de Versailles : signé le 28 juin 1919, ce traité régla le sort de l'Allemagne après la Première Guerre mondiale. Il comporta des clauses territoriales, militaires et financières. L'Allemagne, exclue des négociations, y fut humiliée, notamment par la clause faisant porter la responsabilité exclusive de la guerre au *peuple* allemand. L'assemblée constituante de Weimar vota la ratification devant la menace d'une occupation militaire de toute l'Allemagne.

Tribunal constitutionnel fédéral : tribunal fédéral indépendant et suprême siégeant à Karlsruhe, chargé de vérifier la conformité des lois avec la Constitution. Il s'agit bien d'un tribunal, chargé notamment de rendre un jugement sur les plaintes déposées par les citoyens considérant que les pouvoirs publics ont porté atteinte à leurs droits fondamentaux.

Bibliographie

Histoire : jusqu'au national-socialisme

BRACHER, K. D., *La Dictature allemande, naissance, structure et conséquences du national-socialisme*, Privat, 1986.
KROCKOW, C. VON, *Les Allemands du XXe siècle, 1890-1990, Histoire d'une identité*, Hachette, 1990.
PALMIER, J.-M., *Retour à Berlin*, Payot, 1989.
ROVAN, J., *Histoire de l'Allemagne des origines à nos jours*, Le Seuil, 1994.
STEINERT, M., *Hitler*, Hachette-Pluriel, 1992.
THALMANN, R., *La République de Weimar*, PUF, coll. « Que sais-je ? », 1991.

Histoire depuis 1945

FARÇAT, I., *L'Allemagne, de la conférence de Potsdam à l'unification*, Minerve, 1992.
GROSSER, A., *L'Allemagne en Occident*, Hachette-Pluriel, 1987.
MENUDIER, H. (dir.), *L'Allemagne : de la division à l'unité*, publications de l'Institut d'allemand d'Asnières, 1991.

Relations franco-allemandes

MENUDIER, H., *L'Office franco-allemand pour la jeunesse*, Colin, 1988.
MENUDIER, H. (dir.), *Le Couple franco-allemand en Europe*, publications de l'Institut d'allemand d'Asnières, 1993.

Depuis la réunification

FRITSCH-BOURNAZEL, R., *L'Allemagne unie dans la nouvelle Europe*, Complexe, 1991.
LE GLOANNEC, A.-M., *L'Allemagne après la guerre froide, le vainqueur entravé*, Complexe, 1993.

Les institutions

FROMONT, M. (dir.), *Les Institutions de la République fédérale d'Allemagne*, Études de la Documentation française, 1994.
GROSSER, A. et MENUDIER, H., *La Vie politique en Allemagne fédérale*, Colin, 9e éd., 1992.

Les entreprises

HUNOUT, P., *L'Entreprise et le Droit du travail, une comparaison franco-allemande*, CIRAC, 1993.
LASSERRE, R. et LATTARD, A., *La Formation professionnelle en Allemagne, spécificités et dynamique d'un système*, CIRAC, 1993.

Pour se procurer les publications réalisées par des institutions, le mieux est de s'adresser directement à celles-ci.

Références des citations

p. 13 : Deux vers du chant *La Patrie de l'Allemand (Des Deutschen Vaterland)*, du poète E.M. Arndt, 1813.
p. 13-14 : Extrait des principes proclamés par les Burschenschaften en 1817. Source : Hermann Haupt (dir.), *Quellen und Darstellungen zur Geschichte der Burschenschaft und der deutschen Einheitbewegung*, Heidelberg, 1913, p. 117.
p. 18 : Discours prononcé par Otto von Bismarck le 30 septembre 1862. Source : Otto von Bismarck, *Die gesammelten Werke*, Friedrichsruher Ausgabe, vol. 10, Berlin, 1929, p. 138.
p. 41 : Autocritique d'Anton Ackermann, le 24 septembre 1948. Il avait formulé l'idée d'un « cheminement spécifiquement allemand vers le socialisme » dans un essai, le 9 février 1946. On trouvera les textes originaux dans Hermann Weber (éd.), *DDR, Dokumente zur Geschichte der Deutschen Demokratischen Republik 1945-1985*, dtv, Munich, 1986, p. 64 et 129.
p. 52 : Extrait du « traité concernant les relations entre la République fédérale d'Allemagne et les trois puissances occidentales, et mettant fin au régime d'occupation de l'Allemagne fédérale », signé le 23 octobre 1954.

Index

Dans la même collection

n° 1 - *L'Espace pour l'homme* de Pierre Léna
n° 2 - *La Mémoire, du cerveau à l'école* d'Alain Lieury
n° 3 - *Politiques agricoles* de Lucien Bourgeois
n° 4 - *L'Intelligence artificielle* de Jean-Gabriel Ganascia
n° 5 - *L'Insomnie* de Jean-Michel Gaillard
n° 6 - *Vivre avec les insectes* de Pierre Ferron
n° 7 - *Le Moyen-Orient* de Georges Corm
n° 8 - *L'Explosion démographique* d'Albert Jacquard
n° 9 - *La Procréation médicalisée* de Jacques Testart
n° 10 - *La Relativité* de Nayla Farouki
n° 11 - *École et Tiers Monde* de Sylvain Lourié
n° 12 - *Système Terre* d'Ichtiaque Rasool
n° 13 - *Sous l'atome les particules* d'Étienne Klein
n° 14 - *La Bande dessinée* de Benoît Peeters
n° 15 - *La Bioéthique* de Jean Bernard
n° 16 - *Nourrir les hommes* de Louis Malassis
n° 17 - *Apprendre de 0 à 4 ans* de Pierre-Marie Baudonnière et Claudine Teyssèdre
n° 18 - *Les Prisons* de Jean Favard
n° 19 - *Les Greffes d'organes* de Laurent Degos
n° 20 - *La Chine* de Lucien Bianco
n° 21 - *Le Système solaire* de Thérèse Encrenaz
n° 22 - *Les Marchés financiers* de Jean Saint-Geours
n° 24 - *La Forêt* d'Yves Birot et Jean-François Lacaze
n° 25 - *Quelles régions pour l'Europe ?* de Jean Labasse
n° 26 - *L'Afrique noire* de Thérèse Pujolle
n° 28 - *Le Climat de la Terre* de Robert Sadourny
n° 29 - *La Mort dans les religions d'Asie* de Bernard Faure
n° 30 - *L'État et le Politique* d'Odon Vallet

Ont collaboré à l'ouvrage :

Édition : Catherine Cornu
Conception graphique et mise en pages : Daniel Leprince
Illustrations : Fractale
Recherche iconographique : Marie-France Naslednikov
Corrections : Colette Morel, Jacqueline Menanteau
et Catherine Houchot

Photo de couverture : station au sol de transmission par satellite,
en Bavière
Ph. © Zefo-WEIR

Achevé d'imprimer en septembre 1995
sur les presses de
l'Imprimerie Hérissey à Évreux
N° d'éditeur : 13368
N° d'imprimeur : 70351
Dépôt légal : septembre 1995